AF607138

GRACIAS
CANDELA
POR DAR
SENTIDO
A TANTAS
NOCHES.
MIGUEL
ETERNO
FLAMENCO
SIEMPRE
LAVAPIÉS

NU . ETERNAMENTE
A DECIDOS.

NORE Y EDU
(Y AMIGOS)

JACOBO
RIVERO

Candela

MEMORIA SOCIAL DE UN MADRID FLAMENCO

ENSAYO 45

Esta obra ha recibido una ayuda a la edición de la Comunidad de Madrid

JACOBO
RIVERO

Candela

MEMORIA SOCIAL DE UN MADRID FLAMENCO

Prólogo de
Pedro Lópeh

PEDRO LÓPEH*

Prólogo

Las razones que justifican la necesidad de un libro sobre historias del flamenco en Madrid son las mismas que explican el recelo de muchos por la relación del cante con la villa y corte: la falta de memoria; el desconocimiento o desprecio por una cultura fundamental en la ciudad; la decrepitud de un género que, confiscado por industrias de diverso tipo (formativa, discográfica, turística...), ha perdido anclaje con la realidad no profesional; la ruptura de las cadenas de transmisión entre aficionados de diferentes generaciones; el ocultamiento de los hechos e incluso la manipulación histórica. Porque si bien es cierto que el flamenco, en general, está mal historiado, y que la ignorancia que de ahí nace fomenta muchos disparates, no podemos soslayar que en la última década se lo ha vuelto a utilizar enconadamente para alimentar identidades, narcisismos y esencias varias. Todo ello, por si fuera poco, en el marco de las grandes batallas culturales, de las tácticas electorales

• Pedro Lópeh (1986) es musicólogo especializado en flamenco, folklore y cultura popular. Como acordeonista, fundó el grupo Barrunto Bellota Band, cosechando premios y actuando por todo el mundo. En la actualidad dirige el pódcast flamenco *El Café de Silverio,* organiza el festival Fiebre del Cante y colabora en la Peña La Bambera.

más zafias, de los enormes detritos que acompañan a las banderas y de las continuas maniobras para atraer flujos mundiales de viajeros. Y así pasa, al final: que encontramos el cante en boca de Díaz Ayuso o asociado a Tartessos, en anuncios publicitarios que exotizan hasta la náusea la cultura andaluza o tomado por tesoro que los payos expoliaron a los gitanos, en jaranas de señoritos con bodega y tentadero, en el último museo contemporáneo, en los papeles mojados de la Unesco, metido de cualquier forma en el currículo escolar, pelele al albur de los nuevos mesías andalucistas, buque insignia de la Marca España, emblema de la gentrificación... El flamenco, que tanto se siente en la distancia corta, es un fenómeno cuya naturaleza y diversidad solo se explican, ahora y siempre, ampliando mucho el foco, componiendo una gran imagen panorámica que debe tener intactos, no obstante, cada uno de sus millones de píxeles locales, familiares y personales.

Es aquí donde se inserta este libro de Jacobo Rivero, un trabajo que quizás *solo* pretenda rescatar la reciente memoria flamenca de un barrio madrileño y señalar algunos de los hitos que Madrid (o Lavapiés, para más señas) ha marcado en el cante del último medio siglo, pero que contribuye, con su mezcla de historia, periodismo y crónica, a desvelar algo parecido a la naturaleza del flamenco. No exagero: en la fotografía que este libro realiza de todos esos cuerpos que gravitan en torno al cante podemos advertir unas hondas tendencias, quizás una ley física que explica los movimientos de la afición flamenca y de los flamencos, unas mismas pasiones e inclinaciones hacia el cante. Todas las horas que nos han escatimado algunos flamencólogos y otros tantos seudocientíficos sociales con la promesa de la piedra filosofal flamenca podríamos haberlas sustituido, con camino más placentero y resultados más humanos, por una miríada de historias de vida, historias de barrio y memorias sociales como las que aquí se contienen.

Jacobo ha desbrozado un camino que, además, servirá para reconectar a los lectores con una ciudad que siempre fue flamenca, con un barrio en el que era inevitable hasta hace no mucho cruzarse con el cante. No sé cuántas personas, como este que les escribe, se han olvidado un acordeón en el Candela después de una juerga insostenible, pero es probable que sí tengan alguna que otra anécdota inverosímil en un local que todos echamos de menos. Estaba el Candela, claro, pero también estaban los vinilos en el Rastro, el ambiente del Patas, las academias de baile, los bares con nudillos en barra de peñistas sin peña, las librerías con un pequeño fondo para aficionados… Y estaban las conversaciones flamencas a poco que uno asomara la patita, porque en Lavapiés el cante estaba vivo y en seguida se topaba uno con el anecdotario oral de Morente, el Torta o Canela de San Roque, que grabó en el barrio uno de los mejores discos del flamenco reciente.

El arado histórico y social de este libro comienza por una época sobre la que se ha vertido la desinformación y el desprestigio, quizás de forma ya irreparable, en un proceso que pretende hurtarle la Meseta al cante y el cante a la Meseta, Castilla, Despeñaperros Norte, Europa o como queramos llamarlo. Eso es posible, en parte, gracias a que en los años setenta el epicentro profesional del flamenco deja de ser Madrid y pasa a Andalucía: si hasta entonces el trabajo bien remunerado se encontraba en los tablaos de las grandes urbes, con Madrid a la cabeza (donde residieron la inmensa mayoría de figuras del cante, del baile y del toque), la situación cambiará radicalmente en el lapso de una década y media debido al terremoto social y cultural del mairenismo, la subsiguiente resignificación gitano-andaluza del flamenco, la inauguración de cientos de peñas y la creación de otros tantos festivales flamencos de verano, todo ello ligado a la pujanza de los ayuntamientos democráticos y a los nuevos circuitos del dinero público. Por primera vez en la historia, los pueblos andaluces pueden reconocerse en un arte al que tienen acceso directo, no en tabernas, juergas y reservados, sino (también) en plazas, teatros y peñas, gracias a la labor de instituciones públicas, asociaciones civiles y proyectos de todo tipo (revistas, cátedras y un sinfín de iniciativas personales, pura afición solidaria). Multitud de artistas seguirán viviendo en Madrid, no digamos ya los que tienen cierta proyección nacional e internacional, pero Andalucía pasará a ser, al menos simbólicamente, la tierra única en la que nace y sucede el flamenco. Madrid, por el contrario, lo mismo que Extremadura, Murcia o Barcelona, cargará desde entonces con la consideración de periferia o extrarradio, una etiqueta de la que nadie estará a salvo excepto los gitanos y, quizás, los descendientes de andaluces. En este punto es donde la posición de Madrid, que había figurado hasta entonces en las entrañas mismas de la historia del cante, se desgaja y pasa a ser apenas una escena local escasamente prestigiada, un fenómeno curioso. Los madrileños, por su parte, haciendo gala del tan mentado ombliguismo de capital, no han sido conscientes de este proceso hasta hace muy poco, cuando la fuerza centrípeta de las identidades ha empezado a provocar situaciones graves: no son pocas las personas que me preguntan por qué hay público madrileño en el festival Fiebre del Cante; y lo preguntan con estupefacción, dando por sentado que a Madrid no le roza el flamenco, con esa mezcla de ignorancia y narcisismo con la que otros aseveran en redes sociales que para sentir una seguiriya hay que ser andaluz o para hacer compás hay que ser de Jerez. Así está el patio.

A paliar un poco todo ello, con la propaganda humilde pero incontestable de los hechos, ayuda el paseo al que Jacobo nos invita por Lavapiés. Se trata, con todo, de un recorrido con parada en la primera fonda histórica, donde duerme la memoria flamenca de la generación de nuestros padres, nuestras madres. Hay quien dice que el cante de ese tiempo en Madrid, el del tardofranquismo, se ajusta a la emergencia de dos fenómenos: el de los tablaos, que ya hemos comentado y que alude a una órbita profesional orientada a los extranjeros, y el de la inmigración de los pueblos del sur a la capital, que explica el sustrato humano y social del flamenco en la ciudad y el nacimiento de propuestas dirigidas al vecino de al lado (la rumba, el flamenquito, el nuevo flamenco y experimentos de todo tipo). Siendo todo ello cierto y apuntando debates interesantes (¿fomentó el público extranjero un cierto tipo de purismo, mientras que el paisano prefirió aligerar la carga dramática —o patética— del cante?), cometeríamos un error si pensáramos que el flamenco de los sesenta y setenta surge por generación espontánea. La realidad, en cambio, es que el hilo hondo nunca ha dejado de dar en Madrid menos puntadas que en Sevilla, Jerez, Cádiz, Málaga o Granada, y ello no nos debería extrañar si consideramos que un género de gestación romántica y desarrollado por artistas profesionales no puede aparecer al margen de la capital-centrifugadora de una joven nación en el siglo XIX: tendencias culturales y políticas como el casticismo, el majismo o el nacionalismo no solo tienen su resonancia musical en la tonadilla y la zarzuela, sino que empujarán el gusto hasta un lugar en el que el flamenco se antoja casi necesario; una urbe mestiza en plena explosión demográfica como el Madrid romántico no hará gala de una excluyente idiosincrasia particular, sino que será orgulloso altavoz de las culturas regionales que aspira a enhebrar, es decir, surtir de eje y capitalidad; la capital económica de un moderno Estado centralista será el mejor lugar para vivir del arte y, si hablamos de un género joven, para desarrollarlo, formalizarlo y complejizarlo.

Si en esa época preflamenca Madrid ocupa un lugar fundamental, mucho más destacará en la etapa que la flamencología denomina «de los cafés cantantes». En dichos establecimientos el cante se emancipará definitivamente de su tarea de acompañamiento del baile y se configurará tal y como hoy lo conocemos, aunque habrá que esperar a bien entrado el siglo XX para que el flamenco establezca todas sus bases formales. La proliferación de cafés cantantes en Madrid será de tal magnitud que, cuando una importante fracción burguesa acuse al pueblo y a la cultura popular de la decadencia nacional, la ciudad será el principal escenario de una guerra contra lo flamenco que tendrá graves tintes higienistas y moralizantes. El antiflamenquismo, que llegó a publicar en prensa que «el cante flamenco es origen de la relajación de costumbres, y en Madrid, quizás, causa del 20 por 100 de los crímenes» (*El Liberal,* 1883), consiguió que el Estado tratara de constreñir la actividad de los cafés cantantes hasta desnaturalizarlos o forzar su cierre. Pero Madrid, repleta de flamencos, nunca dejó que gobernadores ni policías consiguieran aplicar con éxito la ley, situación que lamentaban las principales cabeceras de la ciudad, aquellas más comprometidas contra lo flamenco.

Alrededor de la década de 1920 comienza lo que llamamos «etapa de la ópera flamenca», que no es otra cosa que la adaptación del cante a un formato de exhibición que se inserta en la cultura de masas. Acorde a esa lógica sociotemporal, Madrid será fundamental por muchas razones: porque ya operaba como sede de las boyantes compañías fonográficas, porque podrá acoger espectáculos de repercusión masiva, porque atrae a infinidad de artistas que luego conformarán las *troupes* que llenarán los teatros y las plazas de toda España... Es decir, Madrid será la capital de la potentísima industria flamenca, lo cual originará también sus movimientos dentro del mundillo: un acontecimiento tan simbólico como la entrega de la segunda Llave de Oro del Cante, que ganó Manuel Vallejo en 1926, tuvo lugar en el madrileño teatro Pavón, con la presencia, por señalar a los dos más grandes, de Antonio Chacón y Manuel Torre.

La guerra, como no podía ser de otro modo, sacudió la escena flamenca. El fascismo nacionalcatólico se llevó por delante a algunos cantaores madrileños (El Chato de las Ventas, fusilado; Angelillo, exiliado...), acabó con el espíritu más desenfadado de la ópera flamenca y promulgó un flamenco sentimental, coplero, pazguato, como toda la cultura oficial de posguerra. El régimen, que en los sesenta y los setenta trasegaría con el flamenco para proyectar una determinada imagen de España, tardó en entender (o tolerar) la potencia del cante. Si lo hizo fue, en gran medida, por el empuje del consumo turístico, que encontró en los tablaos el mejor escenario para sus baños pasajeros de irracionalidad. Madrid fue la ciudad que mejor pudo aprovechar esta oportunidad de mercado, y este fue el motivo por el cual la mayoría de figuras flamencas residían en la capital en las postrimerías del régimen. Andalucía, apartada al principio de los circuitos del nuevo capital extranjero, seguía siendo la cuna de los artistas y la tierra del flamenco espontáneo, el de las tabernas, los talleres y las besanas, pero no podía sostener un tejido profesional, ofrecer un sustento digno a sus mejores voces. Es en este momento cuando una serie de movimientos sociales, políticos y culturales, con el mairenismo a la cabeza, consigue poner los mimbres para cambiar la situación, comenzando por un trabajo encomiable de proselitismo flamenco. Sin la milagrosa ampliación de la afición, que cristalizó en varios centenares de peñas flamencas y comportó cambios estilísticos, revisiones historiográficas y el empoderamiento de una sociedad civil autoorganizada para el arte, Andalucía nunca hubiera podido ser la tierra en la que el cante nace, vive y pervive.

La historia del flamenco con mayúsculas, desde entonces, es bien conocida y está contada desde Sevilla, Jerez o Granada. La del flamenco humilde, furtivo y periférico, en cambio, sigue en la cuneta. Aunque parezca extraño, ese es lugar que ocupa ahora mismo el cante de Lavapiés y la historia flamenca de esta ciudad que, para muchas otras cosas, recibe demasiadas miradas. La que Jacobo Rivero le dedica en este libro es necesaria. Ojalá nos alimente no solo para conectar con el pasado, sino para armar un Madrid henchido de flamenco que logre revertir la condición deshumanizante a la que lo han condenado y apartarse del camino por el que lo están conduciendo.

Candela

MEMORIA SOCIAL DE UN MADRID FLAMENCO

Para Ethel, que además de darme amor
me introdujo al flamenco.

… Si el cuerpo se alza en aire
y el aire vuela,
el aire que lo enciende
salta en candela…

RAFAEL ALBERTI, *Aire con fuego* (fragmento)

Puso un baile una jutía
para una gran diversión.
De timbalero un ratón,
que alegraba el campo un día.
Un gato también venía,
elegante y placentero.
«Buenas noches, compañero»,
siempre dijo así el timbal.
«Para alguien aquí poder tocar,
para descansar un poco».
Salió el ratón medio loco,
«también voy a descansar».
Y el gato, en su buen bailar,
bailaba un danzón liviano.
El ratón se subió al guano,
y dice, bien placentero:
«¡Y ahora, si quieren bailar,
búsquense otro timbalero!».
Ay candela, candela, candela, me quemó aé…

Faustino Oramas «El Guayabero», *Candela*

INTRODUCCIÓN

En el telediario del 10 de enero de 2022 dieron la noticia: el Candela, después de cuarenta años de historia, cerraba sus puertas. Unos días antes un medio de comunicación publicaba que «unos inversores desconocidos» habían comprado el local abierto en 1982 por Miguel Aguilera. La noticia corrió como la pólvora y fue tema de conversación recurrente en el mundillo flamenco durante semanas, hasta el punto de que todavía hoy es habitual oír hablar de su desaparición. El flamenco perdía una plaza fuerte en Madrid. Una más: antes habían anunciado que echaban la persiana definitivamente Casa Patas y el Café de Chinitas, en ambos casos por no poder levantar cabeza tras el cierre por la pandemia del coronavirus. El titular de la noticia en Televisión Española señalaba: «Cierra el mítico bar Candela: refugio e icono flamenco en el barrio de Lavapiés». En la información, Antonio Carmona contaba que allí había conocido a Camarón, a Paco de Lucía o a Pata Negra. Añadía el que fuera miembro fundador del grupo Ketama frente a la fachada del local cerrado: «Aquí he aprendido mucho». En el reportaje también hacían declaraciones Josemi Carmona y Juan José Suárez Salazar «Paquete», dos guitarristas que habían crecido como músicos en ese lugar. El informativo emitía cortes de actuaciones y fiestas en la mítica cueva del local, que tenía treinta metros cuadrados. Además, se veían imágenes de archivo en las que aparecían entre otros el cantaor Enrique Morente, el saxofonista y flauta travesera Jorge Pardo, Rosa Aguilera —la hermana de Miguel— sirviendo detrás de la barra o una partida de futbolín entre varios jóvenes parroquianos. En las declaraciones de los flamencos se percibía pena por lo perdido y alegría por lo vivido.

El Candela abrió en 1982 y durante cuarenta años fue un bar de referencia de la escena del flamenco madrileño, al menos de una parte importante. Su luz brilló como lugar de encuentro para artistas, aficionados, vecinos y amantes de la noche madrileña. Además del privilegio íntimo de la cueva que había en la parte baja, el bar tenía en su parte de arriba una barra alargada a la izquierda de la entrada, un cuarto almacén al que se accedía por una puerta trasera directamente desde la calle y, durante algunos periodos, un pequeño escenario al fondo. Pegadas a los ventanales había unas pequeñas mesas redondas con tablero de mármol rodeadas de sillas de enea. Sus paredes blancas estaban decoradas con fotos de artistas flamencos de relumbrón, acompañados en algunas de ellas por Miguel Aguilera, también conocido como Miguel Candela. Durante un tiempo destacaron en la decoración un cartel de la Cumbre Flamenca de 1984, una imagen promocional en blanco y negro del tocaor Vicente Amigo y el histórico póster de diseño modernista del concierto en París de Camarón de la Isla en 1987, acompañado al baile por La Tati. El Candela tenía una fauna habitual y una esporádica. Entre la primera, además de flamencos, familiares y amigos de Miguel, eran habituales pintores, escritores, músicos, gente del cine y periodistas. No eran la única clientela fiel, las gentes que curraban en la hostelería de la zona lo transitaban como una de las últimas paradas de la jornada o escala de polivalentes derivas nocturnas. También era obviamente lugar de encuentro de vecinas, vecinos, personas de muchos oficios y procedencias. El sótano y la sala de entrada a pie de calle convivían como realidades paralelas. Ambos compartían los servicios, que eran también lugar de conversaciones inesperadas. Casi siempre en buena sintonía. La cueva no era de libre acceso, Miguel daba la vez y admitía o no a la gente en el reservado según su criterio. El Candela y sus noches marcaban, fue un lugar donde sucedían cosas y diversas *tribus* compartían copas en aparente armonía. Nadie miraba mal a nadie.

Su personalidad era indisociable de la zona donde había germinado. Lavapiés fue siempre lugar de acogida, un sitio desde el que empezar de cero. La composición del barrio estuvo desde sus orígenes atravesada por diferentes migraciones con bagajes culturales diversos, una zona muy poblada en relación a su superficie. Según la web del Ayuntamiento de Madrid, el barrio de Lavapiés en la actualidad «lo conforma una población de 39.985 habitantes, lo que supone el 28,1% de los ciudadanos residentes en el Distrito Centro de Madrid y el 1,3% de la población total del municipio». La cifra oficiosa apunta a 42.000 vecinos y vecinas, porque una parte importante no está empadronada. La superficie es de apenas dos kilómetros cuadrados, encajonados entre la calle Atocha, la calle Ribera de Curtidores, la plaza de Tirso de Molina y la glorieta de Embajadores. Abunda la vivienda pequeña, muchas veces dentro de corralas; construcciones con patio central, casas de pocos metros, pasillos estrechos y en la mayoría de los casos con una o dos habitaciones. Se calcula que conviven alrededor de noventa nacionalidades distintas, son multitud las lenguas que pueblan las conversaciones a pie de calle. El barrio fue en su origen un arrabal de la ciudad, donde vivían emigrantes provenientes de Andalucía y Extremadura: en su mayoría clase obrera y gente dedicada a oficios precarios. Hubo pobreza y miseria durante muchos años. También cultura y lucha. El teatro Olimpia de la plaza de Lavapiés, construido en 1908, albergó actividades que iban desde circo hasta conciertos o teatro, también fue lugar de mítines y agitación política. En 1919 el líder anarcosindicalista catalán Salvador Seguí dio allí una conferencia con la platea a reventar y pronunció una de las célebres frases que le hicieron famoso como propagandista: «Hemos de procurar enaltecer hasta las cimas más altas del pensamiento la personalidad moral que cada uno lleva dentro. Procurarnos, además del pan, la dignidad. Así será como la vida merezca la pena ser vivida». Derribado el antiguo edificio, en 2002 se convirtió en el teatro Valle Inclán, que alberga a su vez el Centro Dramático Nacional. Antes del popular Olimpia, entre 1872 y 1874 se constituyó, en la calle Salitre, una sociedad obrera que dio cobijo a una cooperativa y una mutualidad gestionadas por las propias trabajadoras y trabajadores de la zona. Lavapiés fue nicho del primer sindicalismo, impulsado principalmente por Las Cigarreras, las trabajadoras de la Real Fábrica de Tabacos conocida como Tabacalera. En esa fábrica está una parte fundamental del origen del movimiento obrero y feminista madrileño.

En la colindante zona del Rastro hubo dos grandes mataderos, uno de reses y otro de cerdos que también daban trabajo a una parte importante del vecindario. A partir de la venta de los despojos que producían se creó un mercado callejero y aquellos se convirtieron en especialidad gastronómica en casas y tabernas de la zona. Otro oficio habitual en aquel tiempo en esa parte de la ciudad fue el de barquillero;

el organillo que les anunciaba para vender barquillos y tocar música se guardaba en los patios de las corralas. Su actividad estaba mal vista por las autoridades, el gobierno de la ciudad les torpedeaba con frecuencia a base de prohibiciones y limitaciones horarias. En ese periodo, en el que proliferaron las tabernas y cafés cantantes, la prensa criminalizó a esa amalgama de gentes, ambientes y bagajes con el calificativo despectivo de «flamenquismo», al que atribuían una forma de vestir poco conveniente y unos comportamientos sociales no apropiados a ojos de las élites de la metrópoli. El término se asociaba directamente con delincuencia.

En Lavapiés siempre hubo espacios de cultura, ocio y disfrute. En su momento muchos edificios organizaron sus propias kermés, fiestas populares con bailes, rifas y concursos. También con música y jarana comunal. La historia de las casas, patios y calles de Lavapiés es añeja, están cargadas de memoria, especialmente en relación con el arte. En la calle Valencia hubo durante la Guerra Civil un concurrido salón de bailes del sindicato socialista UGT. En la zona han vivido figuras de todas las disciplinas. Aquí nacieron la poeta Gloria Fuertes, el actor Pepe Isbert o la cantante Ana Belén, por citar solo tres referencias más allá del flamenco. Además hay numerosos teatros, salas y estudios de arte. Ha sido, y es, un lugar fundamental de aprendizaje y difusión del teatro independiente. Una parte importante de esa población artística la conformaron los músicos flamencos. La lista de ilustres que vivieron en Lavapiés, el Rastro y alrededores es enorme. Hay apellidos que tienen allí su origen y durante varias décadas también fueron muchos los que se instalaron en sus calles. Quizás de entre todas destaca una figura, el guitarrista y compositor gitano Ramón Montoya. Nacido en el barrio en 1879 y fallecido en 1949, suyo es el mérito de extender la guitarra flamenca internacionalmente. Un instrumento que desde entonces hasta ahora ha tenido un peso especial en el sonido flamenco de la zona, en la que también vivió un tiempo otra de las referencias universales del toque, el pamplonica Agustín Castellón Campos, Sabicas. Acabada la guerra, con muertos y exilios incluidos, Lavapiés mantuvo algunas islas de libertad casi clandestinas, donde hubo flamenco, cultura y fiestas; entre esos espacios estuvo el mítico teatro cabaret El Molino Rojo, en la esquina de Tribulete con Mesón de Paredes. Su lema era «No veranee en la sierra. Molino Rojo es más alegre y su temperatura más agradable», se anunciaba también como «night club castizo» y compartía edificio con el enorme cine Lavapiés. Tras el tiempo oscuro de la dictadura y su total abandono institucional, el barrio revivió paulatinamente como epicentro de energías. A partir de la década de 1980 se desarrolló en Madrid lo que se conoce como «movida flamenca», coetánea de la famosa Movida madrileña pero sin tanto *glamour* ni portadas. El Candela fue un templo de referencia de ese ambiente. El bar abrió sus puertas siendo alcalde el «viejo profesor» Enrique Tierno Galván. El Partido Socialista gobernaba la ciudad en coalición con el Partido Comunista de España después de ganar en las primeras elecciones municipales tras la muerte de Franco, celebradas en 1979. La capital vivía una efervescencia juvenil producto de las ganas de desquitarse de años de dictadura y opresión. Las fiestas arrastraban a masas de jóvenes. Las *movidas* dentro de la ciudad eran mucho más diversas de lo que hoy se lee de aquel tiempo. El 18 de mayo de 1985 tenía lugar, en el paseo de Camoens del parque del Oeste, el histórico concierto gratuito de The Smiths dentro de la programación de San Isidro. Según algunas crónicas acudieron alrededor de doscientas mil personas. Dos días antes, Camarón metía a quince mil personas en el Palacio de Deportes; el crítico flamenco Ángel Álvarez Caballero titulaba «Camarón los vuelve locos» su crónica para *El País*. Esa noche, el cantaor de San Fernando estuvo acompañado en el escenario de Enrique Morente, Lole y Manuel, Los Montoya, Pepe Habichuela, Juan Carmona y los hermanos Losada; Tomatito, Niño Jero y Diego Carrasco. En septiembre de ese mismo año un grupo de jóvenes okupaba una antigua factoría eléctrica para abrir un centro cultural autogestionado en Lavapiés, en la calle Amparo 83; duraron doce días y fue el inicio de un nuevo movimiento social, la okupación, que tuvo desde entonces presencia en el barrio. En el Candela pudieron encontrarse gentes que venían de cualquiera de los tres saraos, era un lugar mestizo de influencias y pasiones, no solo de flamenco.

Candela. Memoria social de un Madrid flamenco da voz a algunas de ellas, en un relato compartido que se alimenta de las vivencias de las personas entrevistadas, de los nombres mencionados, de la importancia que tuvo aquel espacio que a lo largo de sus cuatro décadas de existencia conoció dos etapas, marcadas por la trágica muerte de Miguel Aguilera el 7 de marzo de 2008. Escribir un libro sobre un bar como el Candela es asumir que se van a quedar miles de anécdotas, tramas y subtramas sin contar. También que van a faltar multitud de personajes. Los que aquí aparecen son los que han nombrado las personas protagonistas en los diferentes encuentros, no se ha quitado ni añadido a nadie. Al lector que no les conozca le sugerimos que investigue sus biografías, porque el nivel de los artistas es excelso. Y eso que faltan cientos más que pasaron por allí. A partir de diversas voces seleccionadas, se ha pretendido construir una historia coral, con una polifonía de experiencias que se complementen. En paralelo, el libro también reivindica el trabajo de muchos periodistas que reseñaron ambientes directamente relacionados con lo que ocurrió en el Candela. Un material que merece la pena recuperar ahora que el flamenco ocupa un espacio menor en la crónica musical de nuestro tiempo. En ese sentido, la labor de documentación se ha servido de multitud de artículos, libros y conferencias sobre los que se han construido muchas de las preguntas. Sobre el Candela, tras su cierre en 2022, se escribió muchísimo, acaparó titulares en prensa y tuvo eco en radio y televisión. Fue una noticia no siempre bien contada. Un año después, en un artículo publicado en *El Mundo* se hablaba de manera fantasiosa de una «lucha de clanes entre porteros» y se añadía a la lista de las eminentes visitas al local la de un músico sobre el que hay bastantes dudas de que estuviera realmente: Miles Davis. Lo que sí es seguro es que músicos internacionales como Slash, Lenny Kravitz o el trompetista Don Cherry —que acudió acompañado del mítico difusor de jazz en radio y televisión Juan Claudio Cifuentes, Cifu— pisaron su cueva. No fueron los únicos. Muchos artistas latinos pasaron por allí como parada obligada de su visita a la ciudad, especialmente músicos cubanos. Joaquín Sabina, la bailarina y coreógrafa alemana Pina Bausch o los directores de cine Pedro Almodóvar y Fernando León también tuvieron sus noches. Allí eran uno más en la cola para entrar al baño.

Escribir sobre el Candela no ha sido un trabajo de lectura e investigación de algo ajeno. En abril de 1997 me mudé a Lavapiés, un barrio que frecuentaba semanalmente con mis colegas desde 1989. En esa primera época adolescente nuestros bares de referencia eran el Mari Rosi y el Donato en la calle Amparo, La Farola en la calle Doctor Fourquet, el primer Chiscón de la calle Lavapiés, el Brujas y la licorería

El Madroño de la calle Caravaca. También el futbolín del bar Los Gamos, el Café Barbieri cuando había charlas políticas o el pub Avapiés donde organizábamos fiestas para recaudar dinero para diferentes luchas sociales. Una noche de diciembre de 1989 pasamos por la puerta del Candela tres amigos, estábamos todavía en el instituto, teníamos quince años y hacía mucho frío. Del bar de la esquina de la calle Olmo con Olivar salía música. Entramos y la atmósfera era envolvente, se celebraba a golpe de villancicos flamencos una fiesta. El personal estaba feliz y nadie nos miró con desdén o rechazo. Esa fue la primera vez que entré al Candela, no tardé en volver. A partir de instalarme en Lavapiés fui muchas más. El Candela está en la lista sentimental de una serie de bares que hubo en Lavapiés y alrededores en diferentes años que están tatuados en la memoria de casi tres décadas como vecino del barrio; la mayoría ya no existen. El Gato Salvaje, La Lupe, La Mestiza, Fraüen, Casa Montes, La Chilostra, Avapiés, La Barraca, cafetería Esma, Zoilo, La Turra, La Mancha, La Luna, FM, sala El Juglar, Tribuetxe, taberna El Quijote, Viva Chapata, Mosquito, Alfaro, Tío Vinagre, Taqué, El Despertar, Lo Máximo, Lola Lola, Maloka, pub Mi Gente, Malatesta, Grandola, Loukanikos, Olivia, Las Doré, La Aguja, El Traveling, Andorra, el Melo's y sus zapatillas, el antiguo Económico con su plato de lentejas a menos de un euro, el restaurante Reporter de Javi e Isabel con su árbol en el patio o el Achuri y toda su gente que son familia... En muchos de ellos también entraron más de una vez aires flamencos. Las personas entrevistadas en el libro hablan de unos cuantos de estos locales de ocio. Aparecen referencias de lugares que desaparecieron casi sin dejar rastro, que en algunos casos iban camino del olvido. Por suerte muchos siguen vivos en el recuerdo de la muchedumbre que los frecuentó. El libro no está escrito desde la nostalgia ni la reivindicación de tiempos pasados como mejores, sino desde la voluntad de mantener la memoria de lo que significó el Candela para muchas personas, entre las que me incluyo. También para la historia del flamenco madrileño. Jorge Pardo ofrecía en una conversación que tuvimos en un tren de Barcelona a Madrid en marzo de 2023 su particular mirada sobre la pérdida del bar de su amigo Miguel Candela: «Es una lástima que se pierda un local, pero su sensación puede sobrevivir. Las sensaciones permanecen y sobreviven». Y añadía una anécdota con la que quería señalar que por suerte la energía de ese tipo de lugares —de los que dice que «desgraciadamente» ha conocido muchos— a veces resurge: «Conozco a Tim Ries, saxofonista colaborador con los Rolling Stones, desde hace tiempo. Me lo presentó Chick Corea en Nueva York, le encanta lo que hago y las cosas del flamenco. Hace un año me llamó para tomar algo porque estaba en Madrid. Me lo llevé de bares y terminamos en uno flamenco cerca de la plaza de Jacinto Benavente. Acabamos tocando juntos allí a las tantas de la noche con más gente. Luego me dijeron que los siguientes días había ido todas las noches hasta que cerraba el bar de madrugada. Así que ya ves, todo se renueva».

El laureado músico lo contaba con su habitual elegancia al hablar, proyectando un optimismo existencial que le acompaña siempre. En esa línea, hay una mirada ante la vida que se asocia muchas veces al «vivir flamenco», un concepto que Javier Cano y Mercedes Martín Luengo, en el libro *Retrataura,* definían así: «El flamenco es agua fresca que renueva por dentro y por fuera humanizando nuestra existencia. En este mundo devora-personas donde lo humano es secuestrado y sobrevive a duras penas en estado de letargo, se impone vivir flamencamente casi como si de un acto subversivo se tratara». La última vez que estuve en el Candela fue tras un concierto del guitarrista Rafael Riqueni en Casa Patas, en octubre de 2020. El evento estaba incluido dentro de la programación de homenaje a Enrique Morente. Terminada la actuación acudimos un grupo al Candela, estaba el pianista cubano David Virelles, el flamencólogo José Manuel Gamboa, el organizador del acto, Antonio Benamargo, y tres *aficionaos* granadinos colegas de Morente, entre ellos un buen amigo suyo, su compadre Felipe Martín Chica. En el Candela nos abrieron el almacén para estar a nuestro aire, lejos del bullicio de la sala del bar. Esa noche hubo whisky con refrescos, ceniceros llenos, catarata de anécdotas y profusión de adjetivos con retranca que terminaban en risas. Alguno se lanzó a cantar ligeramente. Felipe lideraba la conversación contando las historias de Morente; Gamboa y Benamargo andaban a la zaga. La velada terminó con las primeras luces del amanecer. Felipe Martín Chica era arquitecto, experto en cálculo de estructuras y aficionado flamenco hasta el tuétano. Íntimo amigo de la familia Morente, alguna vez «en plan guasón» sustituía a Enrique al cante. Con algo más de setenta años, se había jubilado de la enseñanza hacía poco. Conspirador y aliado de Morente en sus proyectos, conocedor de sus sentimientos íntimos y su visión respecto a la música, había veces que si celebraban algo «podían quedarse de juerga juntos una semana». Lo cuenta con admiración y respeto un buen amigo de ambos, Antonio Gallegos, socio de honor y antiguo presidente de la Peña La Platería de Granada. Felipe Martín Chica volvió del homenaje a su amigo en Lavapiés, se acostó al llegar a su casa en Granada y no volvió a levantarse. Uno de los presentes esa noche en el Candela me llamó dos días después para contarme lo ocurrido. Al día siguiente fui yo el que devolvió la llamada para decirle que me había impactado la noticia del día anterior. Me respondió al otro lado de la línea: «¿Qué noticia?». Sorprendido, le refresqué la información sobre el fallecimiento de Martín Chica. Respondió escueto, con tono *relajao:* «Felipe está en gloria bendita, qué mejor forma de morir, tranquilo y en la cama. Al menos se dio una última buena juerga. Ole por él».

La historia del Candela se puede ver desde ese punto de vista, desde el recuerdo sanador de las buenas juergas, de noches interminables y secuencias de un tiempo vibrante que no volverá. El Candela, con otros dueños, planea volver a abrir, estuvo en obras durante el otoño de 2024 y cuando el libro se publique es probable que ya esté en funcionamiento el nuevo local. Los rumores que corren por el barrio apuntan a dos direcciones: un local de flamenco o una discoteca. Ocurra lo que ocurra, el Candela no se puede entender sin Miguel Aguilera, su impulsor y creador. Tampoco sin su familia o su gente. Lo que tenga que ser será, pero no igual. No solo queda la duda de ver hacia dónde irá el nuevo bar que se abra allí, también el barrio de Lavapiés está inmerso en una transformación que parece imparable por culpa de la especulación inmobiliaria, el turismo masivo y el abandono institucional. En los informativos de TVE, al dar la noticia del repentino cierre del bar en enero de 2022, la periodista señalaba: «Las noches del Candela darían para escribir un libro o varios». Este es uno, espero que lo disfruten.

PEÑA CHAQUETÓN

El Candela encontró su lugar en el mundo en un local de la calle Olmo esquina con la calle Olivar. Un espacio idóneo en una vía discreta de Lavapiés que fue en su origen almacén y tienda de telas inserto en un edificio vetusto del barrio. La idea era hacer un bar en la parte de arriba —a pie de calle— y en la de abajo una peña flamenca. El local lo encontró Pablo Tortosa en octubre de 1982, el mismo año en que se disputó en nuestro país el Mundial de fútbol, vino de visita el papa Juan Pablo II y se celebró el concierto de los Rolling Stones bajo una lluvia de verano en el estadio Vicente Calderón. Era un tiempo en el que el rock pegaba fuerte y se hablaba del «rollo» para referirse al conjunto de tribus que poblaban con sus greñas los lugares de encuentro de la juventud. En las fábricas y centros de trabajo había también pitote y la reconversión industrial tenía en pie de guerra a los sindicatos. En los ocho primeros meses del año habían aumentado un 22,72% los paros convocados respecto al mismo periodo del año anterior, un total de mil cuatrocientas nueve huelgas por causas laborales.[1]

1 «Mayor el número de huelgas durante los ocho primeros meses de 1982», *El País,* 2 de octubre de 1982.

Fuera de los muros de las fábricas y los tajos corrían vientos de libertad en múltiples direcciones. Ese año, la casa de discos Fonogram celebró un «reconocimiento artístico» a Los Chichos para festejar los ocho millones de copias vendidas de sus álbumes, *singles* y casetes en casi diez años de exitosa carrera del trío vallecano. La rumba y lo quinqui dominaban la periferia, sus cintas se agotaban. En barrios y pueblos «el caballo» corría por las venas de una generación cuyo futuro era una incógnita. El terrorismo era portada y ocupaba informativos, también los atracos a joyerías y gasolineras, nadie sabía qué podía pasar a la vuelta de la esquina. También el flamenco estaba agitado, parecía que tradición y juventud miraban hacia otro lado. Discos como *La leyenda del tiempo* de Camarón o *Despegando* y *Sacromonte* de Enrique Morente encendían debates y disparaban controversias. Muchos artistas jóvenes estaban rompiendo moldes dentro y fuera del ambiente. El Candela no fue ajeno a todos esos vaivenes.

La conversación con Pablo Tortosa se desarrolla sin límite de tiempo un desapacible día de lluvia y frío a principios de diciembre de 2022. Viste gabardina y chaqueta de punto con camisa y corbata. Su tono es pausado, su voz clara y con acento propio. Pablo Tortosa tiene ahora ochenta años y presenta buena percha. Con el pelo cano peinado con raya a un lado, bien afeitado y alrededor de un metro ochenta de estatura, se mantiene en forma, en sus palabras acumula sabiduría. Tiene un deje triste en la mirada. El encuentro es en una cafetería amplia con grandes cristaleras en el centro de Coslada, una ciudad dormitorio a veinte kilómetros de Madrid con casi ochenta y dos mil vecinos. Fundador de la Peña Chaquetón, él dio con el local de la calle Olmo que compartiría con el Candela. «Existían en Madrid la Peña Fosforito, la Peña Los Cabales, la Peña Usera… pero no había ninguna como la que queríamos montar nosotros». Tortosa las conocía bien, en 1982 tenía cuarenta años y llevaba desde los doce como *aficionao.* En esos años, a finales de los setenta y principios de los ochenta, había también muchos festivales y espacios de flamenco político «a los que iba principalmente José Menese, que era comunista como yo y daba conciertos gratis en la universidad o para el Partido». Esa mirada periférica —cuenta Tortosa— estaba alimentada por la iniciativa de escritores inmersos en el flamenco como Fernando Quiñones o Caballero Bonald, cantaores como Manuel Gerena, el Cabrero, José Menese o, más tarde, Morente. Tortosa, que a veces extiende la palma de la mano sobre la mesa para puntualizar una frase, explica: «Eran unos años en que los músicos se encontraban con los problemas de la gente». En su relato hay elegancia y generosidad, también alguna cicatriz.

Pablo Tortosa nació en 1942, en la calle de la Fe, muy cerca de la plaza de Lavapiés. Era el segundo de siete hermanos, en una vivienda pequeña de economía apretada. A su padre en el barrio lo llamaban el Kilovatio porque trabajaba en la Cooperativa Eléctrica Madrileña dando avisos de incidencias con el suministro en los barrios. «Entonces, Madrid era muy distinto, había bares decentes en cualquier sitio, muchos mejores que los de ahora, y en la calle mi padre se encontraba con mucha gente. Le paraban y gritaban "¡Kilovatio, vamos a tomar un chato!". Cuando se juntaba con amigos cantaba por soleás. Entonces eran tabernas como las Alfaro o el Montes, de vermouth de grifo y latas de conservas, antiguas... Ahí, cuando se juntaban tres o cuatro hacían un alto en el camino y se ponían a cantar». Cuenta que el flamenco estaba muy presente en la zona y que en aquella época, en la sala Olimpia, se hacían concursos de cante flamenco para *aficionaos:* «Mi padre se presentó en alguna ocasión». En las calles de Lavapiés la confianza se depositaba en la gente del barrio y se desconfiaba del foráneo. «Nada más entrar, en muchas tabernas había un cartel que decía "SE PROHÍBE CANTAR Y BAILAR", pero era más para el de fuera, porque en muchos de esos bares los flamencos hacían de vez en cuando "un registro". Se cantaba y se hacía de todo, pero detrás de una cortina, solo para los amigos». Y añade sobre la geografía del cante madrileño de su infancia: «Lavapiés está cerca de la plaza de Santa Ana, que con sus aledaños era el verdadero centro histórico del flamenco en Madrid».

A pesar de su afición, el padre no quería que sus hijos tirasen para el flamenco porque decía que era «un género *picao*». Tortosa, con las manos cruzadas sobre la mesa protegiendo un humeante café con leche, explica buscando con mimo cada palabra: «Había mucha pobreza y Franco mandaba con mucha violencia. El flamenco era nocturno, se hacía por la noche y por eso estaba mal visto, no por otra cosa», aclara. Tortosa tiene en realidad nombre compuesto: Abdón Pablo. El primero por su tío, que murió durante la Guerra Civil; el segundo es el mismo de su padre, que era «republicano y castizo». Finalizada la contienda, el Kilovatio estuvo detenido un tiempo en el estadio de fútbol del Rayo Vallecano, que sirvió como campo de concentración provisional después de la guerra. Su madre, Carmen, militó en la organización anarcosindicalista CNT antes y durante la guerra, hasta el 1 de abril de 1939, cuando entraron las tropas de Franco en la ciudad. Precisamente a pocas calles del piso familiar, en una corrala de la calle Amparo 27, vivió el último alcalde de la ciudad en la Segunda República, el anarquista Melchor Rodríguez, conocido después como «el Ángel Rojo». Pablo Tortosa creció en ese ambiente «acorde a nuestras ideas», el de los derrotados que no se resignaban a vivir bajo la bota de la dictadura fascista, el de los obreros que tenían que guardar silencio, callar a sus muertos y obedecer la lógica del nacional-catolicismo franquista. Años después, todos sus hermanos se vincularon al sindicato Comisiones Obreras y al Partido Comunista de España. Él también.

Su tiempo de vida en el barrio fue corto, con solo dos años se mudó con el resto de la familia a Vallecas, aunque conservó parientes y amigos de sus padres en Lavapiés, a los que visitaba con regularidad. El nuevo hogar familiar era una casa baja compartida cerca de la avenida de la Albufera donde nacerían el resto de los hermanos de Pablo, salvo su hermana pequeña. Allí fue a un colegio de monjas donde la disciplina y el régimen militar eran la norma. Los domingos iban a la puerta de una iglesia a recoger las monedas que tiraban los padrinos de las bodas a los muchachos de la zona que se asomaban. Cuando Pablo tenía doce años, se trasladaron a una casa más espaciosa en un bloque de viviendas recién construido en las afueras de la ciudad, en la carretera de Barcelona, frente a la fábrica de Pegaso. El edificio era conocido como «el bloque», tenía setenta y dos viviendas en régimen de alquiler y era parte del proceso del nuevo desarrollismo urbano alrededor de las ciudades, con fuerte presencia de migración extremeña y andaluza. En muchas de estas nuevas zonas obreras cada palmo de terreno lo tuvieron que conquistar los nuevos pobladores. El alumbrado, el alcantarillado, los centros culturales, las asociaciones…, también la llegada del teléfono. En diciembre de 1977, *El País* publicaba una noticia sin firma sobre «el bloque», el edificio del Corredor del Henares donde vivía Pablo Tortosa con su familia. En «el kilómetro 13,600 de la carretera de Barcelona a la altura de la fábrica de Pegaso», decía el periódico, la compañía pública de telefonía exigía 124.000 pesetas —unos 745 euros— por instalar la línea en las viviendas al considerarlo fuera «de zona urbana». La noticia señalaba: «Los vecinos, familias obreras en su totalidad, llevan unos meses batallando con la compañía, en su intento de explicarle que ellos no tienen la culpa de que su burocracia considere extrarradio a una zona situada en paralelo con otros barrios a los que sí se les instaló el servicio a precios normales».

Frente al enorme edificio en el que vivían, además de la fábrica de Pegaso estaba la venta Manzanilla. Pablo Tortosa ya tenía el gusanillo del flamenco por su padre, al que cuenta que también le escuchaba cantar en bodas y comuniones, pero el paso definitivo fue coincidir en el barrio con el cantaor Chaquetón a mediados de la década de 1950. «Yo tenía quince años y él doce y nos hicimos amigos. Llevaba siempre en los bolsillos los recortes de su padre, El Flecha de Cádiz, y me los enseñaba *emocionao*». Chaquetón era también sobrino de otro cantaor con solera, El Chaqueta, en una familia con mucho arte y afición. «Fumándonos unos cigarros me cantaba por soleás y me decía que quería ser artista. Le daba clases de matemáticas y cosas así, porque entonces no había escuelas por allí. Además, El Flecha trabajaba en la venta y me dejaba entrar. Su padre me decía: "Pablo, tú que eres muy formalito, dale clases a mi hijo que yo te pago". Yo le contestaba que a su hijo le daba las clases que hiciera falta, pero no quería que me pagara. Estuvimos así un par de años hasta que yo entré en Pegaso». Y en este punto de la conversación sentencia: «Me hice aficionado por mi padre, y luego ya entré con todo por Chaquetón».

En 1957, con quince años, Tortosa comenzó en la escuela de aprendices de Pegaso, la marca de automóviles, camiones, autobuses y tractores de la Empresa Nacional de Autocamiones, S. A. (Enasa). Se acabaron las clases, pero continuó la amistad con el cantaor y su familia, también las visitas a la venta Manzanilla. Había diferencias entre las ventas y los tablaos, explica Tortosa: «Los tablaos tenían su espectáculo, que eran en su mayoría para gente de fuera y normalmente cerraban a la una de la mañana»; a las ventas, sin embargo, se entraba, cuenta en un tono más bajo, «con el coche oscuro». Después se empezaron a liberar, pero en esa época estaban semiprohibidas: «Solo podía entrar la gente de posibles; por ejemplo, Di Stefano, el jugador del Real Madrid, que venía con su gente, algún torero y cosas así». En las ventas esperaban de madrugada los artistas. «Llegabas con tu camioneta, aparcabas, te cogías tu vino, lo ponías encima de la barra y esperabas a que viniera alguien. Entonces, a lo mejor a las dos de la mañana llegaba una pareja, el dueño decía al que estuviera atendiendo: "pasa *pa* dentro y mira a ver esa pareja a qué viene aquí". El camarero apuntaba lo que iban a tomar y luego les anunciaba: "tenemos unos artistas que quitan la cabeza"». Y, continúa Tortosa, «entonces llegaba el camarero de nuevo a la barra y por ejemplo decía: "Fuman americano, han pedido chuletas y les gustaría escuchar algo". Y así se apañaban los artistas. Se decían entre ellos "venga, pasa tú que tienes dos hijos" o "pasa tú que yo pasé ya ayer". Se entraba con la mentalidad de intentar traerse también al compañero». En ese tiempo, cuenta con pasión, existía «un principio de solidaridad entre los artistas muy fuerte», la mayoría apenas juntaba dinero suficiente para mantener a la familia. Algunas ventas se saltaban la prohibición de abrir toda la noche camelando a las autoridades o con subterfugios para funcionar como lugar de parada para vehículos al tener cabina de teléfonos. Había una tolerancia relativa porque «iban ministros y de todo. Pasaban por allí y se hacían su fiesta por alegrías, bulerías, por tangos. Luego te pagaban o no, porque a veces se emborrachaban y se les iba todo el dinero. Cosas de estas que han *pasao* y que yo tampoco quiero recordar mucho».

Tras la muerte de Franco, el flamenco se alejó del estereotipo de fiesta para señoritos, con copa, puro y propinas, y las ventas fueron desapareciendo en Madrid. Como en el resto de España, existían agrupaciones de aficionados que se juntaban en peñas. Muchas surgieron en la década de 1960, en lo que se llamó la «etapa de revalorización», y supusieron un impulso surgido desde abajo, fuera de la lógica del espectáculo flamenco únicamente con fines de consumo. Había varias repartidas por la ciudad, con predominio en los barrios y ciudades del sur. Entonces como ahora, se realizaban conciertos y encuentros de aficionados, no había espacio para profesionales del flamenco. Las peñas flamencas de Madrid tenían fama de tradicionales, de complicado acceso, con cierto poder de crítica y sentencia. En ellas había peso de orígenes y costumbres, las puertas no estaban abiertas para todo el mundo. Pablo Tortosa fue el impulsor de una nueva, con una filosofía diferente. «Franco no dejaba que se moviera nada, incluyendo el flamenco, pero con las primeras elecciones de 1977 llegó una fiesta de apertura, se palpaba». Ese viento de cambios en el flamenco de Madrid lo representó la peña que iban a montar. «Nuestra filosofía era que, si queremos escuchar al Lebrijano, que es un profesional, hay que pagarle. A lo mejor en vez de pagarle siete le vas a pagar cinco, pero hay que pagarle. Porque lo que quiero es tenerle aquí, en buena compañía, poder escuchar a Juan Peña Lebrijano, a Fosforito o Fernanda de Utrera y que se acerque la gente al flamenco. Sin embargo, los aficionados de las peñas decían que no, que quien quisiera cantar que viniera a cantar a la peña, pero nada de profesionales».

La peña que creó Tortosa en 1982 llevó el nombre de su amigo Chaquetón, un cantaor con poso y raíces. En el interior del disco *Mi casta de los Chaquetas*, editado en 1975 por el sello Explosión, Chaquetón, con veintinueve años, cuenta en primera persona su experiencia en la capital de España: «A los doce años me vine para Madrid. Viví con mi tío Antonio El Chaqueta y comencé a trabajar en la venta Manzanilla para estar en el ambiente flamenco. [...] A los diecisiete años entré como cantaor de cuadro en el tablao Zambra. Por aquel entonces estaban Pericón, Antonio Jarrito y Menese, cuando comenzaba. Todos ellos junto a mi padre, que actuó durante bastante tiempo» —acompañado a la guitarra por Manolo Sanlúcar—. Su padre, El Flecha, había regentado un bar en Algeciras, donde nació Chaquetón, pero como tantos flamencos había tirado con la familia primero a Cádiz y luego para Madrid, donde encontró trabajo en la venta Manzanilla. «Por parte de mi madre, el ambiente flamenco era quizá mayor. Mi abuela materna viene de Jerez, de la familia de los "Fideítos". Mi abuelo, malagueño, fue un hombre que, sin ser artista profesional, conocía muchos cantes. De esa rama nacieron mis tíos, los Chaquetas», añadía en la carpeta del vinilo. En la crónica de un concierto organizado por la Peña Fosforito de Vallecas, el crítico de flamenco Ángel Álvarez Caballero retrataba el arte de Chaquetón desde las páginas de *El País*: «Chaquetón es, para mí, el joven maestro actual de los estilos de Cádiz. Cada nueva actuación suya me confirma en esta creencia» y, añadía, «no creo que haya hoy un cantaor que pueda ofrecer un repertorio tan amplio y con tal variedad de matices por alegrías como este hombre de ancha humanidad y una voz natural, redonda, capaz de pasar casi del susurro al grito sin una ruptura, sin un quiebro no querido».[2]

2 Ángel Álvarez Caballero, «La maestría de Fosforito y la gran noche de Chaquetón en Vallecas», *El País*, 31 de marzo de 1982.

En abril de 1981, pocas semanas después del intento de golpe de Estado del 23-F, Pablo Tortosa organizó un festival flamenco en el cine Consulado que fue un éxito y que propulsó la idea de crear la peña. Actuaron, a beneficio del sindicato del metal de Comisiones Obreras y ante un público de cerca de dos mil personas, Manuel Soto Sordera, Chaquetón, Carmen Linares y José Menese al cante y al toque Enrique de Melchor y Juan Carmona Habichuela.[3] Ese encuentro fue la punta de lanza para decidirse a montar la peña, un deseo en el que estarían implicados algunos de sus colegas del sindicato. La Peña Chaquetón la legalizaron cincuenta personas, con el aval de otras seiscientas firmas, entre ellas la del cantante Ramoncín. Pablo Tortosa guarda en la memoria cada detalle. «En la Peña Fosforito había un cartel que decía "EL ESCUCHAR ES UN ARTE", así que andaba todo el mundo callao. El lema nuestro era "el arte no se entiende, se siente", que sonaba distinto». La peña se legalizó en octubre de 1982. Las reuniones para pergeñar estrategias las realizaban en el bar Indalo de la calle Embajadores, frente al Mercado de San Fernando. «Era algo nuevo. La diferencia con otras es que aquí, de diez personas, seis éramos jóvenes, y en las otras peñas, de diez personas, nueve eran mayores. El flamenco estaba comprimido, los jóvenes se acojonaban y no entraban porque antes había que saber bien todos los palos y estar *avalao.* La eclosión nuestra fue natural», cuenta orgulloso.

Creada la Peña Chaquetón, lo siguiente fue encontrar el local. «Ya antes Miguelito —por Miguel Aguilera, Miguel Candela— dijo que quería formar parte de la peña. Él trabajaba en la Chrysler y también estaba comprometido con

3 José Manuel Cuesta, «"Fans", flamenco y "rock" en una mañana de primavera», *El País,* 7 de abril de 1981.

Comisiones y el PCE. Su familia venía de Granada y se enteró de que yo estaba en el flamenco. Miguel se acercaba hasta Isodel, donde yo trabajaba, a buscarme en bicicleta para que le fuera orientando». Eso ocurrió mucho antes de abrir el Candela. «Nos hacíamos gracia y fue el momento en el que más afinidad tuve con él». Años después, en 1982, a Miguel le coincidió la búsqueda del local con que se le pusieron las cosas difíciles en la fábrica de coches y decidió aprovechar para cambiar de aires. «Yo miré tres locales: uno en la calle Caravaca, uno en la calle Amparo y otro en la calle Olmo esquina con Olivar. Entonces yo le decía a la gente: "Hay un local en la calle Caravaca que es el que nos puede venir bien, pero es que hay otro local que es la hostia", porque está en la parte de arriba del barrio, lo que quiere decir que casi llegas al núcleo gordo del flamenco madrileño, a la plaza de Santa Ana». El problema que tenían es que se les salía de presupuesto, les pedían setenta mil pesetas de traspaso y un alquiler mensual de cuarenta mil,[4] pero encontraron una solución. «Miguelito dijo: "Yo tengo dinero para las setenta mil del traspaso que nos piden". Le dije que había que tener *cuidao* porque era un local muy grande, pero hicimos un par de reuniones y Miguelito insistió con tirar *p'alante*». Tortosa explica todo el proceso concentrado, sujetando con las dos manos el vaso ahora vacío de café. «Le dije: "Mira, tú que eres despedido de la Chrysler pues te pones a trabajar en la parte de arriba con un bar y la parte de abajo la usamos para la peña". Así nos decidimos [...]. Me encargué de buscar los abogados y firmamos un contrato. Miguel pagó el traspaso y además ponía veinte mil pesetas y la peña las otras veinte mil para pagar el alquiler mensual. Hice

4 Un bono de diez viajes de autobús costaba entonces 165 pesetas, menos de un euro, y una barra de pan, 17 pesetas, el equivalente a 10 céntimos de euro.

a su vez un contrato con Miguel donde se estipulaba que la parte de arriba era para él y la parte de abajo para la peña. Estuvimos trabajando tres meses acondicionando el local, muy ilusionados. Pusimos a nuestros arquitectos, eléctricos y cosas así de Comisiones, también la barra la hicimos nosotros, cuando estaba todo listo empezamos a funcionar». Además, Paco Herrera, que era concejal del PCE y miembro de la peña, les ayudó con el pago del alquiler.

En septiembre de 1983, con el local ya acondicionado, la peña en funcionamiento y la cueva del Candela inaugurada tras los primeros recitales, montaron un concierto gratuito en la plaza entonces llamada de Cabestreros. «Abrimos el Candela después de varios meses de trabajo y había que darse a conocer al barrio, así que hicimos un festival con Chaquetón al cante y Juan Maya Marote al toque. La gente de la Asociación de Vecinos La Corrala nos ayudó porque un tío de la peña, Vicente, era el presidente». Había una emoción compartida por hacerlo bien. «Vino mucha gente del vecindario con sus sillas, fue una auténtica fiesta. Ni Marote ni Chaquetón cobraron un duro y gracias a Paco Herrera tuvimos las luces y la autorización de la Junta Municipal. Aquello fue un éxito, todo el barrio se enteró de que existía la peña, que estaba abierta a todo el mundo. Lo que nosotros queríamos era abrir popularmente el flamenco a la gente, que sintieran que esa era su peña, que fuese un sitio adonde ir y encontrarse a gusto. Y esa zona entonces era muy flamenca y gitana». Aquella noche la recuerda como «un estupendo espectáculo de cante jondo» ante centenares de personas. El concierto sirvió para afianzar su ideario, el público fue cómplice de un proyecto que entró por la puerta grande en el barrio, el Candela se hizo conocido en Lavapiés y sus nombres se unieron para siempre.

La prensa elogió el festival organizado en la plaza. La Peña Chaquetón ya daba que hablar entre los periodistas especializados. Con la llegada del PSOE al Gobierno después de las elecciones de 1982, citaron a Tortosa en el Ministerio de Cultura para la organización de la política cultural relacionada con el flamenco. Le mostraron un espacio dentro del Ministerio donde podría instalar su oficina y organizar la programación de eventos con presupuesto generoso. «Me lo propone Mario Trinidad, que fue el primer subsecretario de Cultura y Deporte socialista y antes camarada mío del PCE». Isodel no era cualquier empresa; atravesada por la crisis del sector del metal, era famosa por la combatividad de sus trabajadores. Se dedicaban al diseño, fabricación, reparación y comercialización de aparamenta eléctrica y tenía una plantilla de mil quinientos trabajadores. Un informe interno de la dirección, que llegó a manos de los empleados, alertaba sobre ellos por su «alta sindicación, tradición de revueltas, luchas sociales, apoyos políticos de la izquierda amplia» y añadía que «siempre han hecho lo que les ha venido en ganas sacando dinero de las piedras».[5] Se refería a la capacidad que tenían los sindicatos para organizar cajas de resistencia que mantuvieran la factoría parada durante las huelgas. El periódico *Diario 16,* en portada y en alfabeto cirílico, había señalado a Isodel como «un bastión de la izquierda».[6] Entre los más de mil trabajadores, Pablo Tortosa era ya un destacado sindicalista, amigo además del entonces carismático secretario general del sindicato, Marcelino Camacho. «Yo era representante sindical y había mucha lucha en esos años. Me dijeron que tenía que dejar la empresa y trabajar en el Ministerio porque teníamos

5 «La dirección de Isodel tenía preparada una estrategia para su reestructuración o cierre», *El País,* 31 de marzo de 1982.

6 José Casado Algora, «La dignidad de un rebelde», *El País,* 2 de junio de 2017.

que ir a Nueva York, hacer viajes al extranjero y qué sé yo... Así que les dije que no, que mi pasión es el flamenco, pero que mi compromiso antes está con la clase obrera».

Lo importante en ese momento para Tortosa era seguir junto a sus compañeros y camaradas, levantar la Peña Chaquetón y organizar festivales con regularidad. Estaba empeñado en dar a conocer el arte más allá de los ya entendidos, pero siempre teniendo claras sus prioridades. «En los ochenta, en el flamenco las cosas eran muy complicadas y entonces abrir el flamenco a la sociedad fue un triunfo dentro y fuera de la peña. Y eso era muy importante para la gente joven». Organizaron numerosos festivales: en el cine Consulado, en la sala Olimpia o en el teatro Monumental, todos con notable éxito. Conciertos en los que llenaban siempre, con actuaciones de nombres totémicos como Fernanda de Utrera, Naranjito de Triana, José Mercé, Carmen Linares, José Menese, Chano Lobato, Sordera, Fosforito, Manuel Mairena, Enrique de Melchor, la familia Habichuela, Agujetas, Chaquetón... El nombre de la peña comenzó a sonar con fuerza también en los nuevos ambientes flamencos. «Llegó gente como el Angelito, que luego cogió las bodegas Alfaro, o el Alberto de la tienda El Flamenco Vive. Esa gente yo digo que son los niños míos, los quiero mucho porque los he visto crecer a todos. En la peña nos juntábamos con una media de edad muy joven, se metió mucha gente también de Comisiones, de ahí igual podía arrastrar a cuatrocientas personas para los festivales». Era una época en la que, además, Tortosa escribía con frecuencia de flamenco en el periódico *Mundo Obrero,* órgano oficial del PCE. Fuera de la ciudad organizó durante años festivales en lugares como Alcobendas, Coslada, Pinto, Arganda o San Sebastián de los Reyes. Siempre con calidad en el escenario, siempre muy cerca de los artistas.

Tortosa tenía un grupo de íntimos dentro del flamenco, un quinteto espectacular formado por Chano Lobato, José Menese, Chaquetón, José Mercé y Enrique de Melchor. Todos de origen andaluz y residentes en Madrid. Un grupo que nunca le falló cuando los necesitó y al que estuvo muy unido. Eran su pandilla y le gusta hablar de ellos: «El eco del cante de Mercé me lleva ahí, el sabor de Chano, la tragedia y el poderío de Menese, mi Chaquetón con su profundidad y con un conocimiento fuera de lo común, y la guitarra acompañando de un grande como Enrique de Melchor». En los primeros tiempos del Candela, la Peña Chaquetón organizó también veladas flamencas con algunos de ellos y mucha otra gente que circulaba por la ciudad. «En la inauguración estaba la bailaora María Rosa, también guitarras como Pepe Habichuela y su hermano Juan, Carmen Cortés, Carmen Linares... Mucha gente abrimos aquello». Y tras un breve suspiro, continúa rescatando nombres: «Por allí pasó El Perlo de Triana —hijo de La Perla de Triana—, que era poeta también y que ahora ya no lo conoce nadie, por supuesto Mercé, Vicente Soto, Merenguito, El Flecha, Chaquetón... Hicimos diez o doce recitales en la parte de abajo». El éxito fue inmediato, cuenta Tortosa: «Gustó mucho a la gente porque vieron que en ese sitio se podían reunir y, claro, ilusionó mucho poder estar así». Había que pasar por el bar de Miguel para entrar a la Peña Chaquetón, y comenzaron los problemas de convivencia. «La parte de abajo, la cueva, era la peña y ahí no podía entrar nadie sin nuestro permiso. Ocurrió alguna vez que llegamos y nos encontrábamos con gente tocando una guitarra que nos vendió Marote o fumando un canuto y eso a nuestra gente y a mí no nos gustaba nada que lo hicieran allí a escondidas», cuenta con gesto más serio.

El problema era que la parte de arriba, el Candela, tuvo también una gran acogida a diario, con un componente menos «comprometido» que el de la Peña Chaquetón que hacía los recitales una vez por semana. «A Miguelito le ponían la cabeza como un bombo. Él entendía que el local era suyo y me dijo que si venía alguien llamando a la puerta diciendo que se querían reunir abajo, él abría y dejaba la guitarra. Eso yo no lo veía, nuestra idea era otra». El ambiente entre ellos se fue congelando y se fue creando poco a poco una mala atmósfera. «La gente de fuera que venía al bar habitualmente creía que ese era su feudo» y, apunta, «el local se fue apartando de un criterio sólido, que era el mío». Un «criterio» que explica advirtiendo que es el mismo entonces que ahora: «A mí me gusta el cante puro, el jondo, y sobre esos parámetros me movía y me muevo. Pero Miguelito estaba asesorado por otra gente. Ellos tenían una idea distinta. Yo era más de Antonio Mairena, que era más riguroso. Además tenía tres niños, trabajaba y no podía estar todos los días yendo a Lavapiés. Ellos estaban en otra, era un tiempo también de gente joven que buscaba nuevas experiencias, ya sabes». La unión de los dos proyectos se hizo imposible y la ruptura llegó definitivamente poco después del éxito en la plaza de Cabestreros. «Miguel me hizo romper el contrato que teníamos firmado y pasó a ser el único dueño». Se quebró la confianza y nunca se reconstruyó el vínculo que los unía cuando idearon abrir el local.

La Peña Chaquetón volvió a reunirse en el bar Indalo de la calle Embajadores y a buscar de nuevo un espacio. Tuvieron suerte y encontraron uno que pasaría a ser también conocido. «Nos trasladamos a la calle Canarias, cerca de donde yo trabajaba en Isodel, por Méndez Álvaro. Esa zona era muy flamenca también. Jose Mercé vivía en la calle Peñuelas y además estaba en mi área de combate con Comisiones Obreras: Méndez Álvaro, Legazpi y Atocha».

Era mayo de 1984 y se trasladaban a un local amplio, con salida a la calle y con patio. Estaba en ruinas y lo reformaron por completo, de nuevo con la ayuda de varios colegas del sindicato, gente que dominaba bien los oficios necesarios para dejar el lugar niquelado. Allí estuvo la Peña Chaquetón veinte años, hasta 2004, cuando lo tuvieron que dejar porque no les renovaron el contrato. El local fue el epicentro de una mirada al flamenco siempre enfocada en valorar al artista y abrir las puertas al curioso. «En la calle Canarias se han juntado de todo, aficionados, políticos, artistas... Venía hasta gente de Jerez los fines de semana. Además, en esa época el Ayuntamiento ayudaba y eso se agradecía». En paralelo, la peña siguió organizando eventos en lugares más amplios. En el periódico de izquierdas *Liberación* firmaba una crónica Alfredo Grimaldos el 2 de marzo de 1985 sobre el II Festival de la Peña Chaquetón celebrado en la sala Montepío. Habían participado «magistralmente» entre otros Juan Carmona y Enrique de Melchor al toque, la cantaora catalana Mayte Martín y Chaquetón, «que se entregó con fuerza y ganas en el festival de su peña». El final del texto narraba la última actuación de la noche: «Mercé es un cantaor trágico, al estilo de la vieja escuela, que se rompe en cada queja y transmite sensaciones ancestrales, propias de su herencia gitanoandaluza, que se remonta familiarmente hasta los primeros cantaores de la historia». Y añadía Grimaldos como remate del artículo: «El fin de fiesta, con Chaquetón y Mercé cantando y bailando bulerías, rayó en el delirio colectivo».[7]

7 A. Grimaldos, «Festival flamenco de la Peña Chaquetón», en *Liberación,* 2 de marzo de 1985. También en P. Tortosa, *El despertar de otros tiempos,* Letras de Autor, Madrid, 2016, p. 399.

Con esos mimbres, la Cátedra de Flamencología y Estudios Andaluces de Jerez, en la categoría de «entidades», les concedió el Premio Nacional de Flamenco en 1987. «Fue un pelotazo, nosotros ya habíamos hecho muchos festivales y fue tremendo ver ese reconocimiento», cuenta Tortosa henchido de orgullo. A la vez que la peña seguía su camino, el Candela fue creciendo. Tortosa le siguió la pista desde media distancia con gesto torcido. «Nunca volví. Después de la ruptura con Miguelito solo hablé dos veces con él antes de su muerte. La primera fue cuando mandaron la notificación para darnos el Premio Nacional. Juan de la Plata, que era el presidente de la Cátedra de Flamencología, nos mandó una carta dándonos la enhorabuena. Pero no me enteré, fue Chaquetón el que lo supo porque se lo dijo Cuquito de Barbate, que es un cantaor que aún vive y era amigo suyo. En ese momento ya estábamos nosotros en la calle Canarias. Me puse en contacto con Juan de la Plata y me dice que habían mandado la carta a nuestra sede en la calle Olmo», es decir, al Candela. «Eso me jodió mucho y cuando vi a Miguelito le mandé a la mierda porque no me había dicho nada». «La segunda fue quince años después, en el Círculo de Bellas Artes, que monté unos ciclos de flamenco. Un día vino Miguel y dijo que quería recuperar la amistad. Yo le dije que venga, nos preguntamos por la familia y así quedamos. Sin más. Ese fue el último contacto que tuvimos, cuando vino a hacer las paces».

Pablo Tortosa sabía que el Candela se había convertido en polo de atracción de flamencos, también que era punto de parada a última hora de la noche de muchos artistas que él programaba o admiraba. Tenían amigos y conocidos comunes. «Allí iban Paco de Lucía, Camarón, por supuesto Morente, iba toda esa gente. Ahí paraban todos los flamencos de Madrid y todos los gitanos del Rastro. Yo sabía lo que iba a ser el Candela, un local magnífico. Fue mejor dejar a Miguelito con el local para que viviera y para que viviera bien».

En la mezcla entre pasado y presente del discurso de Tortosa flota una idea recurrente: con la llegada del siglo XXI, Madrid perdió parte de su patrimonio flamenco. Para él hubo tres décadas —los setenta, los ochenta y los noventa— que cree difícil que vuelvan a repetirse. «En Madrid se han juntado todas las escuelas, esa es la riqueza del flamenco de Madrid. Aquí han sido muy capaces Juan Varea de Burriana, que es un pedazo de monstruo que fumaba mientras actuaba por soleás, Chano Lobato, Bernardo de Lobita, Manolo Vargas, el mismo Chaqueta, La Perla de Cádiz, Fernanda de Utrera, Pericón, Mairena, Terremoto, Enrique Morente, Camarón… Venían a escuchar también. Entonces, lo que hacían era comprar una botella de vino, juntarse y cantar. En Madrid había esto, sitios donde se conocían los artistas. De ir a compartir, a cantar lo tuyo y que te digan "hazme eso otra vez"». Y pone un ejemplo de referencia universal: «Camarón vino aquí con cinco cantes propios y decía "venga que voy" y claro, él lo mejoraba todo».

El de San Fernando llegó en tren por primera vez a Madrid en 1965 por un breve periodo. Más tarde se instaló primero en un piso del Rastro, después en la calle Doctor Fleming y finalmente en la calle Barquillo. Por Vallecas tenía también sus perdederas. En la ciudad estuvo viviendo alrededor de ocho años, pero frecuentó Madrid hasta su muerte en 1992. «De Camarón solo puedo decir gloria, cantaba en todo el diapasón de la guitarra, le metía mano a todo, tú cantabas y con el oído que tenía cogía y lo hacía y lo mejoraba. Aprendió cosas del Chaqueta y de La Perla de Cádiz con mucho respeto». La huella de Camarón fue profunda en una ciudad que le veneró en vida, su revolución dentro del mundo del flamenco comenzó a fraguarse a partir de la expansión de su cante desde Madrid. La prensa también se rindió a sus pies. Dejó un poso muy grande como artista, con Paco de Lucía hizo una pareja de oro. Algunos de los conciertos más significativos de su carrera fueron en la ciudad y el último de todos, en el colegio mayor San Juan Evangelista, acompañado a la guitarra por Tomatito, todavía produce temblores entre los que estuvieron presentes. Fue la despedida de su cante en directo, de su figura y de su impronta única. Esa noche muchos asistentes terminaron la noche llorando en el Candela, su final se intuía.

Tortosa conoció a Camarón a principios de los setenta en el tablao que abrió Lola Flores muy cerca del edificio del Senado, en la plaza de la Marina Española. «Estábamos Menese y yo en Caripén [...]. Allí iba todo el mundo del flamenco bueno: Paco Cepero, Melchor de Marchena, El Gallina, Agujetas, Camarón...», y prosigue animado por el recuerdo: «cuando llegamos, Lola Flores vino a saludar a Menese, tomamos algo y nos fuimos. Cuando salíamos yo tenía aparcado mi Renault 8 y entonces Camarón, que era un niño, llegó en un Mini Morris de color rojo con Paco de Lucía. Venía que era un cuadro, con los zapatos amarillos y un traje que era un escándalo. ¡Pero qué guapo! Muy buena gente y muy buen gitano. Y entonces nos metimos otra vez para dentro del tablao, con Camarón, con Paco y con Menese... ¡Imagínate!». Y vuelve a tomar la palabra con una mano extendida sobre la mesa y la otra sujetando el vaso vacío de café: «Lola Flores estaba entusiasmada con él. He conocido a Camarón, pero no en la intimidad; a quien he conocido bien es a Caracol, pero claro, entre Camarón y Caracol, como persona, Camarón».

De José Monje Cruz, Camarón de la Isla, salta a otro gran referente: Enrique Morente. Figura indispensable de la historia del Candela del que todavía habla Tortosa en presente, como si su sombra se mantuviese viva. «Morente es un gran artista, un monstruo, con un conocimiento de los cantes tremendo [...]. Él se metió a hacer su feudo en el Candela y tuvo mucho que ver en esta parte, en la que Miguelito le veía y se quedaba obnubilado. Enrique iba con sus amigos Juan Verdú y Miguel Espín, el marido de Carmen Linares, que son amigos míos también». Enrique Morente fue un cantaor incómodo para la crítica. Los discos *Despegando* en 1977 y especialmente *Sacromonte* en 1982 habían levantado ampollas entre algunos puristas. En otra reseña de Ángel Álvarez Caballero publicada en 1982, el periodista apuntaba sobre el cantaor granaíno: «Morente reelabora demasiado los cantes, en una tarea puramente intelectual que le hace perder frescura, espontaneidad».[8] Solo tres meses después, era mucho más duro. Bajo el titular «La aventura experimental de Morente», Álvarez Caballero explotaba con su crítica demoledora a *Sacromonte:* «Entiendo que se puede experimentar desde el flamenco buscando enriquecer su capacidad de comunicación con recursos adecuados a la sensibilidad de nuestro tiempo, pero una cosa es esa y otra crear un falso flamenco servilmente sometido a géneros distintos, como el pop o el cuplé, lo afro y hasta el rock. Esto ya no es influencia, sino contaminación».[9]

Sacromonte fue el primer disco musicalmente *revolucionario* de Enrique Morente. Un terremoto interno que se anticipó a lo que vendría más tarde, cuando publicó en 1996 el disco

8 A. Álvarez Caballero, «Chaquetón, Habichuela, Morente: una manera de rescatar el cante», *El País,* 4 de mayo de 1982.

9 A. Álvarez Caballero, «La aventura experimental de Morente», *El País,* 21 de agosto de 1982.

Omega junto al grupo de rock Lagartija Nick. El impacto de ese trabajo, en el que mezclaba voces flamencas y sonidos electrónicos con guitarras y baterías rugientes, versos de Federico García Lorca y versiones de Leonard Cohen, fue tremendo. El éxito fue descomunal fuera del mundo flamenco. Llegó a presentarse en el Festival Internacional de Benicàssim y en el Festival Primavera Sound de Barcelona, lugares a los que nunca antes habían invitado a un cantaor flamenco. La fusión de lo jondo con el «rock alternativo» provocó desmayos en algunos foros de aficionados. En el álbum, además de Lagartija Nick, participaron músicos como Vicente Amigo, Cañizares, El Paquete o Tomatito. Y en los coros y las palmas, su hija Estrella y su mujer Aurora Carbonell. Enrique Morente respondió diciendo que a él siempre le había gustado experimentar, hizo oídos sordos a los que se rasgaron las vestiduras y siguió a lo suyo. Años después, el propio Álvarez Caballero, que tanto le había criticado por sus «aventuras experimentales» desde las páginas de *El País,* se rindió a su poderío: «Todo es distinto con Morente, pero todo es hermoso». En este punto, Pablo Tortosa sonríe sin malicia y tira de honestidad. «A Morente, como artista, un respeto *pa* mí. Pero eso que hizo yo no lo veo. Digo un respeto a todas las cosas que hizo, pero cosas como *Omega* no las conozco ni las quiero conocer. Cuando canta por soleás de Cádiz, cómo templa ahí es tremendo. A Morente le considero, como artista, un monstruo…, pero como genio, solo Camarón». Como en otras ocasiones del encuentro, tras una breve pausa remata la reflexión con una frase redonda: «Es que Camarón era muy largo cantando».

La gloria del Candela se debió en buena parte a que clientes como Enrique Morente o, en menor medida, Camarón lo frecuentaron en un tiempo en el que el flamenco estaba desatado de creatividad y en un estado pletórico de convivencia entre artistas. La comparación entre «las tres décadas gloriosas» y la actualidad madrileña ronda la cabeza de Tortosa y regresa al tema. «Eran años en los que se habitaba el flamenco. El Güito, El Sordera o Terremoto vivían por el barrio de la Concepción y San Blas, que eran también zonas flamencas, pero el epicentro era la plaza de Santa Ana por tradición. Yo siempre quería hacer los festivales cerca». Allí estaban el tablao Villa Rosa, el hotel Reina Victoria, que se conocía como hotel de los toreros, y el bar restaurante Viña P. Este último era parada obligada del mundillo. Muy cerca estaban también bares como Los Gabrieles, La Trucha o La Venencia. No muy lejos, cerca del Congreso de los Diputados, estaba la Peña Flamenca Charlot. Un paisaje que ha cambiado mucho desde entonces; casi ninguno de estos sitios existe todavía. Aquel ambiente de encuentro y camaradería flamenca desapareció. «Ahora viene gente de fuera, pero en general es de paso, aprenden algunas cosas y se marchan. Ya no hay ese madrileñismo que había, ni esa forma de vivir el flamenco». Más allá de la comparación de las épocas, hay un debate, a veces también político, sobre si realmente existe un flamenco propiamente madrileño. Pablo Tortosa explica su postura. «Hay cantaores actuales que se sabe de dónde vienen, Merenguito es madrileño y se le nota, es un gran artista, como El Yunque. Luego los hay ya hechos como La Tati, El Pelao y La Uchi, o El Güito al baile, o El Cigala, que además es de Lavapiés, un gran artista, pero su voz no me llega». Y tras un breve silencio, vuelve a cerrar su reflexión con una declaración: «Yo sé quiénes son de Madrid solo con verlos cantar. Y la gente que se ha afincado aquí en Madrid, que ha vivido todo esto que te cuento, ha mamado ese ambiente. Porque

Madrid era mucho Madrid y el flamenco madrileño es un carácter».

Pablo Tortosa no quiere que dejemos de lado su vertiente como persona con conciencia de clase, comprometido con el sindicalismo y la lucha obrera. En 2016 publicó *El despertar de otros tiempos,* un libro autobiográfico pero, avisa, también «muy político» porque en él cuenta las luchas de Isodel y lo que ocurrió tras su cierre en abril de 1987. «Toda la plantilla fuimos a la cola del paro y ni uno solo de los miembros del Comité que realizábamos trabajos de responsabilidad en Comisiones Obreras nos colocamos en ningún despacho del sindicato, ni utilizamos el cargo para afianzarnos, aparecimos en el paro como cualquier obrero de base». Tenía cuarenta y cinco años y tres hijos. Le propusieron representar a artistas flamencos «de categoría» pero no aceptó; lo suyo, dice, no eran «los billetes». Un año después, en abril de 1988, consiguió trabajo en una empresa de telecomunicaciones que estaba en plena expansión: Sintel. Una empresa en la que, además, los trabajadores gestionaban un grupo cultural propio. Habían colaborado con Tortosa en la organización de algunos festivales flamencos y parte del grupo acudía a los eventos de la Peña Chaquetón de la calle Canarias. Cambiaba su oficio de matricero para convertirse en instalador de equipos electrónicos en centrales telefónicas. Sintel tenía dos delegaciones fuertes, la de Madrid y la de Barcelona, aunque había otras sedes repartidas por todo el país. En total eran alrededor de cuatro mil empleados en una empresa de montaje que se había creado a partir del capital de Telefónica para abaratar costes.

Tortosa trabajó en las centrales telefónicas de Sintel que había repartidas por Madrid y ciudades cercanas, al estilo de su padre el Kilovatio cuando recorría la ciudad para localizar averías en el alumbrado. Estuvo trece años con ese cometido, pero la empresa entró en crisis en 1996, al final del último mandato de Felipe González. Fue el inicio de otro periodo de luchas y reivindicaciones, el presidente socialista había autorizado la venta de la empresa pública al cubano Jorge Mas Canosa, afincado en Miami y con una trayectoria económica y política turbia. En sus manos, Sintel no corrió mejor suerte: Canosa dejó la sociedad en una caída libre progresiva que llevó a la suspensión de pagos de los empleados y luego a la desaparición de la compañía. El primer gobierno de José María Aznar no hizo nada para evitarlo. El 29 de enero de 2001, los trabajadores de Sintel decidieron acampar en pleno paseo de la Castellana de Madrid, ocuparon todo el *boulevard* entre el estadio Santiago Bernabéu y la plaza de Castilla. Lo bautizaron «Campamento de la Esperanza». Llegaron a ser mil quinientos acampados y hubo una tromba de solidaridad ciudadana.

Pablo Tortosa estuvo también implicado en esa lucha. A los pocos días de levantar la acampada, a petición de los compañeros organizó un concierto flamenco con el fin de recaudar dinero para la caja de resistencia de los acampados. En el teatro Marcelino Camacho de la sede central de CC. OO., en la calle Lope de Vega, actuaron: Chano Lobato, Nano de Jerez, Chaquetón, Vicente Soto Sordera, Gabriel Cortés, La Bronce, Enrique de Melchor, Salva de María y El Mami. El evento fue un éxito, se ocuparon las mil localidades y se recaudaron «millones de pesetas». Por la mañana, el cantaor gaditano Chano Lobato estuvo en la acampada. Finalmente, después de ciento ochenta y siete días días, el 4 de agosto, se levantó el campamento al llegar a un acuerdo la empresa con el comité.[10] El

10 L. Abellán y R. Pérez, «Sintel pone fin a 187 días de acampada», *El País*, 4 de agosto de 2001.

tiempo luego disipó lo que pareció un éxito en el momento. Las soluciones no fueron satisfactorias, las nóminas adeudadas no fueron devueltas en su totalidad y el conflicto, en menor escala, continuó sin cerrarse del todo hasta muchos años después. Entre las medidas que se acordaron estaba la jubilación de los empleados mayores de cincuenta años. Uno de ellos fue Pablo Tortosa, que entonces tenía cincuenta y nueve. «En Pegaso estuve veinte años, luego en Marconi me tiré cinco, con la mili de por medio que fue un horror, luego trabajé en Isodel otros veinte años, en los tiempos más complicados, terminé como trabajador en Sintel», apunta Tortosa. Desde su jubilación siguió volcado con el flamenco, organizando festivales y eventos. La Peña Chaquetón sigue activa; donde antes abundaban los jóvenes ahora lo hacen las canas, las conversaciones sobre los nietos, las anécdotas de veladas de flamenco gloriosas y los tiempos de luchas. La peña sigue habitada en buena parte por sindicalistas jubilados de Comisiones Obreras y antiguos militantes del Partido Comunista. Después del Candela y de la sede de la calle Canarias, estuvo en la Cava Alta junto a la Plaza Mayor y ahora en la calle Marchamalo, en la zona de Portazgo.

De su grupo de ilustres colegas flamencos solo queda Mercé. El primero en marcharse fue Chaquetón, aquel al que había dado clases de matemáticas y que siempre le acompañó en todas las aventuras que le propuso. Fue un 29 de diciembre de 2003. Ángel Álvarez Caballero, en un sentido obituario tras la muerte del artista, señaló: «Me contaba Chaquetón que cuando vivían en La Línea muchos artistas que allí trabajaban, al terminar en la fiesta o la reunión de turno, les pedían ir a la casa del padre, "tomamos allí una botellita", y era para ver bailar a su madre, por escuchar a sus abuelos o a alguno de sus tíos. Y allí se iban. Los flamencos llegaban a cualquier hora de la madrugada, las tres, las cuatro, y todo el mundo levantado, era una de esas casas gitanas en las que cualquiera que llegaba, a cualquier hora, era bien recibido. Y había cante y baile hasta bien avanzada la mañana. Así fue como Chaquetón aprendió prácticamente a cantar a la vez que a andar».[11] Pablo Tortosa tira de melancolía cuando recuerda a su amigo. «He vivido el flamenco primero gracias a Chaquetón y luego a su padre El Flecha de Cádiz y a su tío Chaqueta, esos tres fueron fundamentales. Yo estaba todo el día en la venta Manzanilla, y eso fue un aprendizaje increíble».

Cinco años después, en abril de 2009, el que se marchó, con ochenta y dos años, fue Chano Lobato. En el periódico *La Voz de Cádiz* lo definían como «uno de los maestros del clasicismo flamenco cantando por soleás, por bulerías y alegrías, también por tangos, aunque su cante iba de la seguiriya a la malagueña, de las cantiñas a las soleares, de las tonás y los martinetes a la farruca y el garrotín o los cantes de ida y vuelta».[12] Pablo Tortosa describe a su amigo gaditano como un «hermano» capaz de camelarse al personal con sus bromas y anécdotas, disfrutando de cada suspiro de la vida. En enero de 2012, tras una larga enfermedad, falleció Enrique de Melchor, con sesenta y un años. El sevillano de Marchena fue uno de los grandes guitarristas de su tiempo junto con Paco de Lucía y Manolo Sanlúcar, un acompañante increíble. El último del quinteto de colegas en irse fue José Menese. Lo hizo en el pueblo donde nació, Puebla de Cazalla, en diciembre de 2016. El cantaor vivió en Madrid muchos años e hizo de Carabanchel su territorio y del compromiso político su identidad. En una

11 A. Álvarez Caballero, «José Antonio Díaz Fernández, "Chaquetón", cantaor flamenco», *El País*, 31 de diciembre de 2003.

12 «Muere Chano Lobato», *La Voz de Cádiz*, 6 de abril de 2009.

entrevista le preguntaron «¿Por qué crees que es necesario el activismo político?», y él respondió: «¿Por qué crees que es necesario respirar?».[13] Menese nació en 1942, el mismo año que Pablo Tortosa, y llegó a la ciudad con veinte años. Fue el fundador, en su pueblo de origen, de la Reunión del Cante Jondo, que se celebra desde 1967 hasta la actualidad, uno de los eventos más auténticos que todavía resisten de flamenco social. El escritor Fernando Quiñones dijo que escuchar a Menese cantar producía un «escalofrío en el alma».

Esas pérdidas acompañan al veterano sindicalista y flamenco. Pero las cicatrices de Pablo Tortosa son todavía más profundas. El 11 de marzo de 2004, su hijo Carlos fue una de las víctimas de los atentados terroristas de Madrid —los de las bombas de Atocha y las mentiras de Aznar—. Tenía treinta y un años, era el mediano de tres hermanos de una familia muy unida. *El despertar de otros tiempos* está dedicado a él, también a sus hermanos Roberto y Ernesto, a Meli, mujer y compañera de batallas de Pablo, y a sus nietos Carlitos y Noa. El libro contiene fotos de noches gloriosas, de risas y cantes, de copas y cigarros. Tortosa estuvo con artistas de un valor incalculable, hizo bandera de la liberación del género humano y es un incansable promotor del cante jondo. Nació en Lavapiés en un tiempo gris y en un hogar de mirada clara. «El flamenco me lo ha dado todo», dice. En 2008 también murió Miguel Candela, «Miguelito». La herida entre ambos nunca se cerró del todo. Pablo Tortosa suspira, busca una respuesta en el interior de tantos sentimientos profundos que afloran al hablar de los que ya no están, su expresión corporal es ligeramente echada hacia delante, el vaso vacío

13 E. Lanzas, «Acaba de morir José Menese, el gran cantaor flamenco», *¡Zas! Madrid*, 31 de julio de 2016.

de café lo observa a un lado de la mesa. Es el final de la conversación y solo falta una respuesta. Finalmente se arranca: «Esa misma mañana me llamaron para contarme lo ocurrido con Miguelito». Se hace un último silencio y añade con los puños cerrados: «Sentí un vacío, sin más».

BAILAORA DE MADRID

El 31 de mayo de 1987 Ángel Álvarez Caballero tituló «"Bailaora" de Madrid» una de sus columnas: «Nunca Madrid ha tenido, que yo recuerde, una tan grande bailaora como La Tati. Una bailaora que, ya con larga carrera artística en su biografía, está ahora dando la medida de su talento y haciéndose merecedora a un reconocimiento que quizá nunca tuvo antes. Talento versátil, personalísimo, fuera de posibles comparaciones. Tati es distinta a cualquier otra bailaora». Y proseguía: «Su baile por alegrías de esta noche fue memorable, en la pauta de una vena creadora riquísima, brillando inagotable —en una secuencia larguísima— la más increíble diversidad de ideas, de soluciones, de recursos, algunos de ellos quizá no muy ortodoxos, pero hechos con una sabiduría y un garbo flamencos que no dejan resquicio a la crítica». La laudatoria crónica hacía referencia a una actuación en las Noches Flamencas del Círculo de Bellas Artes con La Tati al baile, Jesús El Almendro y Antonio Malena al cante; Juan Parrilla, Manuel Parrilla y Leo en las guitarras; Bernardo Parrilla al violín; Juan Parrilla hijo con la flauta y Don Diego a las palmas. Añadía el crítico flamenco: «Tati hace gala de una apabullante habilidad para darnos un baile de calidad en el que no falta la nota de humor, el desgarro e incluso una cierta chulería muy madrileña. Lo dicho: una bailaora distinta».[14]

La Tati nació en la calle Toledo, una avenida con historia en la popular zona del Rastro. Su vida flamenca es mayúscula; su trayectoria como artista, espectacular. «Me han *cantao* Camarón, Enrique El Culata, Fernanda y Bernarda de Utrera, Juanito Villar, Capullo, El Torta, La Paquera de Jerez, Caracol…», apunta La Tati una mañana soleada de abril de 2023. Está sentada en una mesita de mármol de las bodegas Alfaro, en la calle Ave María esquina con Olmo, con gafas de sol, pendientes de nácar azules y sobrada elegancia. La conversación está acompañada por dos copas de vino oloroso seco Alfonso, de las bodegas González Byass, un jerez que se anuncia en el reverso de la botella como «sabroso, estructurado y persistente». A La Tati, con setenta y ocho años, le encanta. Además de esa nómina impresionante de cantaores y cantaoras, La Tati ha interpretado a Lorca, adaptado a Bertolt Brecht, pateado tablas en los cinco continentes, ocupado noticieros y actuado con nombre propio en algunos de los mejores teatros del mundo. Se ha codeado con grandes artistas de la canción como Olga Guillot, Raphael o Lola Flores. Con una carrera apabullante, Francisca Sadornil Ruiz destaca por su flamenquismo auténtico, buen trato y arte. También por su excelente capacidad para el recuerdo de nombres y fechas. «Yo tengo un archivo, como decía Lorca, el archivo de mi memoria», pero añade quitándose un instante las gafas en un tono que mezcla sentimientos ambivalentes: «La vida es un sueño, el despertar es lo que nos mata».

14 A. Álvarez Caballero, «"Bailaora" de Madrid», *El País,* 31 de mayo de 1987.

Castiza desde la cuna, en 1945 fue bautizada en la iglesia de La Paloma, nombre por el que se conoce a la parroquia de San Pedro el Real que alberga a la patrona de Madrid. El edificio religioso está situado precisamente en la calle Toledo, la vía de entrada durante años de miles de emigrantes que llegaban a la ciudad desde el sur, una ruta que compartían con el flamenco. El Rastro forma un triángulo compuesto por veintiséis calles y tres plazas: Cascorro, Vara del Rey y Campillo del Mundo Nuevo. Eran los arrabales de Madrid entrado el siglo XX, y fue territorio de llegada para numerosas familias que buscaban refugio por distintos motivos, una emigración que muchas veces no tenía vuelta atrás. Un lugar desde el que empezar de cero, donde había una nueva convivencia de gentes que se encontraban en patios de corralas y calles, con apretones y añoranzas, pero también con noches a la fresca y música. Los puestos callejeros comenzaron vendiendo despojos de dos mataderos cercanos, cuyo rastro de sangre dio nombre a la zona, pero pronto pasó a ser lugar de venta para quincalleros, chamarileros, anticuarios, herreros, almonedas, ropavejeros, etcétera. En 1905 se legalizó la venta los domingos, una demanda habitual desde hacía tiempo entre los vendedores porque hasta entonces los puestos estaban al albur de las autoridades. Ese periodo hasta 1936 fue de expansión: el Rastro se convirtió en un zoco de referencia para autóctonos y forasteros, protagonista de crónicas en prensa y leyendas callejeras. Un barrio, entonces y ahora, de emigrantes. El escritor Pío Baroja, que nació en San Sebastián en 1872, escribió sobre el Rastro que habitó en su juventud: «Allí se vendía todo lo imaginable; ropas usadas, cuadros, dentaduras postizas, libros, medicinas, castañas, ruedas de coche, bragueros, zapatos. Allí se encontraban tipos de toda España y fuera de ella: moros, judíos, negros, charlatanes, ambulantes, domesticadores de ratas y de pajaritos sabios…».[15]

Un lugar que además ha dado grandes nombres a la historia del flamenco, en el que se han instalado a vivir, en diferentes momentos de su historia, artistas legendarios y anónimos. Cogollo del pueblo gitano en el centro de Madrid, la zona alimentó un hábitat propio durante generaciones que a pesar de la diversidad de orígenes o precisamente por ello la convirtieron en uno de los epicentros del casticismo madrileño. Un vecindario donde también se mezclaban oficios precarios. «Mi tío Miguel trabajaba en un puesto de pescado del mercado de la calle Toledo —explica La Tati—, mi abuela vendía pipas y caramelos en el Campo del Gas, mi abuelo era fogonero, se encargaba de llevar el carbón, y mi madre consiguió más tarde un puesto en la plaza de Cascorro, a la altura de donde está el bar Los Caracoles. Mi madre me ponía un canastillo debajo del puesto y le decía a Cuquí, un perro que teníamos, "cuida a La Tati, cuida a La Tati" mientras ella compraba y vendía. Todo se manejaba en el Rastro». Y añade sobre aquel tiempo de larga posguerra: «Las que llevaban la casa eran las mujeres, mi casa era un matriarcado». El Campo del Gas, donde trabajaba su abuelo, fronterizo con el barrio de Arganzuela en la zona baja del Rastro, era una explanada al aire libre donde se celebraban eventos, principalmente boxeo y fútbol, situada junto a la fábrica de la Sociedad Madrileña para el Alumbrado de Gas. En el lugar donde estuvo, junto a la calle Gasómetro, hay ahora un parque y una inmensa chimenea de ladrillo que recuerda su pasado industrial.

15 M. Llorente, «Paseo por el Madrid en blanco y negro de Pío Baroja: de las visitas de Hemingway a los paseos con Azorín por el Retiro», *El Mundo,* 20 de noviembre de 2022.

De las tres plazas del Rastro, la más flamenca fue la de Vara del Rey. Allí estaba la escuela de baile de La Quica, en la que comenzaría La Tati. «En el mismo portal de La Quica estaban, a la derecha, la escuela de Antonio Marín, al que le faltaba una pierna, que tenía dos caniches y fue el maestro del Güito y de Rafael Cruz, y a la izquierda la academia de La Quica. Yo quería ir con ella porque era una persona muy seria, y me ponía en el tragaluz de la calle a ver sus clases». La Quica, los domingos, iba a misa a la iglesia de San Isidro, y La Tati «la seguía, iba detrás y andaba como ella. Tenía un sobrino, Pedrito, muy gracioso, que siempre estaba por el Rastro y me veía bailar y un día va y dice: "te tiene que ver mi tita, que bailas muy bien y eres muy graciosa"». La Tati lo cuenta acentuando cada recuerdo, remarcando nombres y momentos que han significado mucho en su vida. «El día de la Paloma, ella hacía como una Feria de Abril e invitaba a todos sus amigos a la academia, entonces ahí Pedrito gritó: "¡Tita, mira esta niña cómo baila, que es de aquí del Rastro!". Ella me dijo: "¿Tú por qué bailas?", y yo le dije: "Yo bailo por *to*". Con muy poca vergüenza, porque soy así, delante de todo el mundo y la verdad es que bailo *to,* aunque yo no sabía bailar *na*». Y concluye: «Entonces La Quica me vio y dijo: "¿Por qué no vienes a la academia?", y respondí "maestra, porque no tengo dinero", creo que valía setenta y cinco pesetas o así pero eso era un dineral para mí. Entonces me dijo: "Bueno, pues bájate por aquí". Terminé durmiendo en la academia, poniendo tres sillas juntas y un colchón encima porque en el suelo había mucha humedad». Hace una pausa que acompaña con un sorbo corto de vino oloroso. «Empecé de chica de los recados, limpiaba la academia y La Quica me daba cincuenta pesetas por limpiar con un cepillo de púas, piedra de asperón y lejía. Me quedé a vivir con ella».[16]

La Quica nació en Sevilla en 1905. Conocida en el flamenco a partir de la década de 1920, hizo giras por todo el país y actuó en el Victoria Hall de Londres, una de las grandes plazas de referencia internacional por entonces junto con Buenos Aires y París. En esas giras La Quica acompañó al baile los cantes de Antonio Chacón, La Niña de los Peines o Antonia Mercé «La Argentina» y la guitarra de Ramón Montoya. En 1933 se instaló en Madrid junto a su marido, el también bailaor Francisco León, Frasquillo. Ambos tenían carrera artística y su academia pronto cogió fama. En 1940 Frasquillo falleció y La Quica se hizo con las riendas de la escuela, en una época en la que en el Rastro, además de buscavidas, emigrantes y trabajadores, había artistas «por todos *laos*», dice La Tati con deje castizo. Ella habla de un Rastro cuyas calles sonaban entre semana a «taconeos, palmas y castañuelas». La Quica le dio alojamiento y la amadrinó: «Ella me dio mi primer traje de baile, con bata de cola, también me consiguió mi primer trabajo [como bailaora], en el tablao de Zambra». En ese momento estaba trabajando en Gallardo, el fabricante de zapatos. «Ahí me metí yo de aprendiz de sastra, estuve como un año. Ese habría sido mi oficio si no hubiera sido artista. Pero resulta que para las giras necesitaban bailaoras y en Zambra La Quica le dijo a su hijo Manolo: "Llama a La Tati y llévala a Zambra que seguro que la van a coger". Y efectivamente, entré y me quedé de pareja con El Tupé,[17] porque los dos

16 75 y 50 pesetas equivalen a 45 y 30 céntimos de euro, respectivamente.

17 Pedro Jiménez «El Tupé». Aunque nació en Valladolid en 1935, este bailaor gitano vivió toda su vida en Madrid. En la crónica de su boda con La Cuatro, publicada en la revista *Garbo* del 26 de diciembre de 1959, le

éramos igual de estatura. Empecé en Zambra ganando 125 pesetas por noche». Fue el comienzo de su carrera artística y profesional, tenía doce años.

Zambra comenzó como tablao en 1954; era un novedoso espacio abierto al público para escuchar flamenco en vivo en el barrio de los Jerónimos, en la zona del parque del Retiro. Pionero de una serie de nuevos locales que irían floreciendo por todo Madrid, se hizo prestigioso por la solidez de su cuadro flamenco. Sobre el escenario había cante, guitarra y baile, pero también ambiente de libertad aplastada. «Los artistas en esa época no podíamos hablar nada, era una cosa tremenda, date cuenta que teníamos serenos que eran muy chivatos. Por ejemplo mi madre: aunque no tuviera dinero, el primer regalo en Navidades era para el sereno». La zona del Rastro era lugar de clandestinidades y encuentros furtivos; en algunas tabernas se organizaban partidas cuya recaudación iba para las familias con presos políticos o sociales. Se desconfiaba de la autoridad: la Ley de Vagos y Maleantes rondaba la zona, había vecinos y vecinas en las cárceles de Carabanchel y Yeserías, también familias del barrio emigradas fuera del país o en el exilio. Las cartas traían mensajes de ánimo y narraban en general fatigas. En muchas casas se contaban las habichuelas. Al flamenco esas circunstancias también le afectaban. Agustín Castellón Campos, Sabicas, nació en Pamplona, vivió y se hizo artista en Madrid, transitando las calles de Lavapiés y el Rastro. Continuador de la obra brillante del guitarrista Ramón Montoya, su exilio después de la Guerra Civil a Nueva York forma parte de la historia de la diáspora flamenca. También de su difusión internacional.

describen como «diminuto de estatura, cetrino y con el pelo cayéndole por los ojos».

En esa atmósfera de conversaciones cercenadas, el flamenco consiguió abrir otras ventanas y crear complicidades a partir de la convivencia que se producía en las giras. Los artistas veían otros paisajes, conocían un ambiente distinto al que imperaba en España, además había una juventud flamenca con ganas de explayarse y compadrear. Regresaban a casa con algo de dinero para poder «seguir *p'alante*» después de conciertos en los que, en algunos casos, la emigración española era parte importante del público. Hubo festivales y veladas flamencas en grandes ciudades de Europa, pero también en lugares que estaban política y geográficamente en las antípodas como Japón, Australia o Moscú. El flamenco comenzó a extenderse, la «maleta flamenca» superó fronteras y dificultades idiomáticas. Rosa Montoya fue una de ellas, emigró a Estados Unidos y abrió un tablao flamenco en Nueva Orleans con el bailaor Ciro Diezhandino en 1966, el Chateau Flamenco. La pareja extendió el flamenco por Estados Unidos en una época en que el racismo institucional, la lucha por los derechos civiles y los movimientos contraculturales estaban en pleno apogeo. Rosa —nieta de Ramón Montoya— y La Tati fueron vecinas en el Rastro: «Rosa iba a la academia de La Quica cuando era pequeña. Su tía siempre estaba haciendo ganchillo y me hizo una blusa que me gustaba mucho. En la academia nos tratábamos y luego cuando fui a Estados Unidos me la encontré varias veces», cuenta La Tati con un punto de emoción. Habla «gloria» de aquellos tiempos, de los encuentros con la gente que se había instalado en otros países, de las noches y las giras, de los pucheros a deshoras, de la cantidad de artistas que conoció siendo todavía muy joven. A partir de empezar en el tablao, el nombre de La Tati comenzó a sonar rápido. «En Zambra estaban por ejemplo El Gallina, Pericón de Cádiz y Manolo Vargas, que cuando cantaba hacía una cosa muy rara con los pies. Zambra era como un templo, no despachaban alcohol a los artistas y no se servía a las mesas cuando había actuaciones». Un local con galones por la lista de asiduos a su escenario. «Ahí trabajó también Rosario, Pepe el Culata, Perico del Lunar padre, Andrés Heredia de jovencito, Trini Heredia, que era la madre de Manzanita…». Auspiciado por el Ministerio de Información y Turismo, Zambra tenía un reglamento estricto: «Terminaba temprano, no se despachaba alcohol, jamás nos sentábamos con el público», concluye La Tati antes de regresar de nuevo al oloroso que reluce en la mesa de mármol.

De Zambra, La Tati pasó a trabajar primero en El Patio Andaluz —que estaba en lo que luego fue la discoteca Alcalá 20— y poco después en Torres Bermejas, el tablao que abrió en 1960 muy cerca de la Gran Vía. Por el lugar pasaron entre otros Manolo Caracol, El Güito, Mario Maya o Fosforito, y comenzó a darse a conocer en la ciudad Camarón de la Isla. La Tati tenía dieciséis años cuando empezó allí: «En esa época había que tener carnet de artista para trabajar. La sede del sindicato vertical estaba en la plaza de Santo Domingo y las pruebas se hacían en el teatro Fuencarral. Había censura y hasta las bragas tenían que tener volantes. Te hacías un traje y antes de sacarlo al escenario te hacían una foto para ver si te dejaban llevarlo. Todo eso lo he pasado yo». De esos días recuerda la complicidad con El Beni de Cádiz, la buena sintonía con Fernanda y Bernarda de Utrera, el compadreo con La Paquera, la creatividad a la guitarra de Niño Ricardo y la admiración por el bailaor madrileño Faíco y toda la familia de Porrina. Era la época de expansión de los tablaos en Madrid. «Allí no había actuaciones, porque lo de las actuaciones ha sido muy posterior. Lo que mantuvo el flamenco ha sido el cuadro del tablao; después, en los años setenta o por ahí, empezaron a venir artistas muy buenos como Bambino, que vino de Utrera, y entonces sí llegaron las actuaciones y los conciertos. Pero hasta entonces lo normal en Madrid era un cuadro». Y añade: «En el cuadro estaban todos, no era como ahora».

En tres años que estuvo en Torres Bermejas, La Tati coincidió con un elenco sobresaliente de artistas. Al cerrar los tablaos se iban a las ventas, como contaba Pablo Tortosa. Una conexión dentro y fuera del escenario que además facilitaba el intercambio de contactos para viajes al extranjero con cachés bien pagados. Desde finales de la década de los cincuenta y especialmente en los sesenta los grandes artistas de jazz estadounidenses habían conquistado clubes, garitos y festivales por toda Europa. En 1962, los empresarios Horst Lippmann y Fritz Rau presentaron el primer American Folk Blues Festival bajo el patrocinio de la Federación Alemana de Jazz. Organizaron conciertos y giras de artistas de la talla de Ella Fitzgerald, Duke Ellington o Ray Charles. Liderando la Federación estaba Olaf Hudtwalcker, un galerista y locutor de radio en programas de jazz que vivió un tiempo en Barcelona. Allí entró en contacto con el flamenco. Hudtwalcker era un enamorado del jazz y fue un promotor fundamental de esa música en el centro de Europa a partir de 1947. Antes ya había estado en contacto con la música de los negros de Estados Unidos proscrita por los nazis en clubes clandestinos. A partir de 1965, en colaboración con los organizadores de conciertos Horst Lippmann y Fritz Rau, presentó la primera edición del Festival Flamenco Gitano de Barcelona. De allí a Alemania. Entre los artistas participantes figuraban la bailaora La Singla, también Paco de Lucía y Camarón de la Isla, Cepero, El Chato Amaya, El Güito, Perrate, Diego Pantoja, Orillo o Pepín Salazar. «Ellos, Lippmann y Rau, no hacían más que jazz y flamenco. El más puro que ellos creían que existía. También estuvieron Lebrijano y Menese, la lista de los que estábamos era larga. Íbamos mucho también a Holanda. Fue famoso, creo que los mejores artistas de la historia del flamenco han pasado por ahí. Entonces, durante diez años o más, dos meses al año se hacían las giras. Nunca coincidimos con los del jazz, primero íbamos unos y luego los otros, aunque sí nos vimos en alguna presentación. Para mí eso es de lo mejor que se ha hecho en el flamenco».

De esas giras quedaron dos discos grabados en Alemania con la firma Eine Lippman + Rau Produktion. Cuando La Tati termina de contar un relato de su vida hace un breve alto en el camino. Ha vivido, conocido y bailado desde las entrañas del flamenco, ha actuado en escenarios de todo el mundo, en noches inolvidables, con gente como ella cargada de galones y experiencias. Ha dormido en hoteles de lujo y pisado alfombras rojas. La Tati acostumbra a presentarse cantando una copla que tira de casticismo. «Soy La Tati, bailaora de Madrid, enamorada de los luceros que acunan a Cascorro. Y herida, mil veces herida por el rayo flamenco del culebrón enorme del destino. Borbotón de carne que palpita por rastrojo y olivares. ¡Viva la calle de tus huesos! Huracán de seda es la liturgia de tus brazos por alegrías. Y hoy, debajo de su bata de cola blanca y verde, habitan los suspiros de los cantes y toda la luz del mar con su delirio. La Tati y La Parrala caminan solas por una orilla de sueños degollados».

La Parrala fue una cantaora de Moguer, Huelva, de finales del siglo XIX y principios del XX de la que no existe ninguna grabación, pero que es un mito dentro del flamenco por las leyendas que se cuentan de ella. El cronista flamenco Guillermo Núñez de Prado la definió así en 1904: «Esta mujer se ha burlado de todo, de todo se ha reído, jamás tomó nada en serio, ni el matrimonio; nunca sintió una pasión profunda y duradera por nada, ni por el arte. Por esto precisamente dominó a los hombres y al arte mismo, porque supo hacerse dueña de unos y de otros sin ser esclava jamás». Federico García Lorca, en su *Poema del cante jondo,* escribió sobre lo que provocaba La Parrala en el espectador:

Lámparas de cristal
y espejos verdes.

Sobre el tablado oscuro,
la Parrala sostiene
una conversación con la muerte.
La llama,
no viene,
y la vuelve a llamar.
Las gentes
aspiran los sollozos.
Y en los espejos verdes,
largas colas de seda
se mueven.

A La Tati le encanta la leyenda de La Parrala, le gusta ese aire de misterio que envuelve la historia del flamenco, una forma que ella siente en carne propia, con sus penas y alegrías. «He *disfrutao* lo más grande en esta vida». En la escuela de Amor de Dios en el mercado municipal de Antón Martín, La Tati está presente en fotos y carteles. Destaca una imagen en blanco y negro de una noche en Caripén en la que se la ve con Camarón mirando a la cámara. Ambos jovencísimos. «Camarón vivió en Madrid la gloria bendita. Lo pasábamos muy bien, además en una época donde éramos una hermandad e íbamos a todos los sitios que había flamenco. Estábamos locos por tomarnos una copa y que uno hiciera un cante, el otro que tenía otro… Y él siempre con las orejas puestas porque era un aficionado maravilloso. El artista bueno es el que supera al maestro y Camarón supera a los maestros».

En el debate sobre cuál de las tres patas del flamenco —el cante, la guitarra y el baile— es la más importante, ella no tiene dudas. «A mí me enseñó a bailar flamenco y a entenderlo el cante. Es la madre, la raíz. No existiría el flamenco sin el cante, si no fuera por un señor llamado Silverio Franconetti o quien fuera no se hubiesen inventado las seguiriyas. El cante te da las pautas, tiene que ser literalmente *bailao.* Y luego ya, cuando llegue a los pies, invéntate lo que quieras, que eso es percusión». Y prosigue con verbo animado: «Nunca he *bailao* nada sin saber cómo resuelve el cante, jamás. Y por muchos instrumentos que yo metiera, la columna vertebral era la guitarra para el cante». A partir de ahí, puntualiza, ya se puede debatir. La Tati insiste en un punto que para ella es fundamental: «Nunca hay que olvidarse de los flamencos que sacaron esto adelante por nosotros. Los que sacaron el flamenco por un plato de comida, que tenían un solo pantalón. Decía una vez El Gallina: "Ahora no se canta bien porque todo el mundo tiene un paquete de Winston". Esto no se debe olvidar nunca».

Tras casi una década de dedicación al Festival Flamenco Gitano en Europa, entre 1973 y 1974 se instala en la capital de Venezuela, Caracas, donde graba programas para televisión y es galardonada con el premio Guaicapuro de Oro, que comparte con Olga Guillot, Raphael y Lola Flores. «En Venezuela yo cerré el Canal 8 bailando con Raphael y Lola Flores. En aquella época también cantaba, porque mi marido El Chato de Barcelona era rumbero y, como hacía tres *shows,* me decía "por qué no cantas un poquito y te quitas de bailar", y cantaba canciones populares españolas. Inauguré el teatro Teresa Carreño y estuve dando muchas clases allí». De la cantante cubana de boleros Olga Guillot, amiga de Lola Flores y con la que también coincidió muchas veces en el tablao Los Canasteros, apunta: «Esa mujer tenía una personalidad arrolladora». La experiencia televisiva la repetiría después en Francia y en Televisión Española, donde interviene, entre otros, en el programa *Rito y geografía del baile,* dirigido por el gaditano Fernando Quiñones. A partir de 1982 se comienza a pagar bien a los artistas flamencos en España. En 1983 se une a la recién creada Cumbre Flamenca, auspiciada por el Ministerio de Educación y Cultura, y en 1984 y 1985 actúa en el teatro Alcalá Palace de Madrid con notable éxito de crítica y público. En 1986 participa en la Cumbre Flamenca del Baile, con Carmen Cortés, Gerardo Núñez, La Tolea, Manolete y Cristóbal Reyes. A ellos se suma posteriormente Antonio Canales y estrenan en el Festival Latino de Nueva York. También actúa en el Festival de Danza de Kuopio (Finlandia), en Marruecos en varias ocasiones y en Francia. En 1987 participa en los conciertos de Camarón en París y en el Día Internacional de la Mujer celebrado en el colegio mayor San Juan Evangelista de Madrid. Lo hace con su propio grupo e introduce por primera vez instrumentos poco habituales en el flamenco, como el violín, la flauta o el bajo. Ese mismo año, en *El País,* Ángel Álvarez Caballero elogia a La Tati por su actuación en las Noches Flamencas del Círculo de Bellas Artes: «Nunca Madrid ha tenido que yo recuerde una tan grande bailaora como La Tati». En la década de 1990 y en los inicios del siglo XXI La Tati continuó extendiendo su arte por todo el mundo, organizando giras, armando proyectos propios y alternando su baile flamenco con el teatro y la enseñanza. Los nombres de las ciudades y los espacios donde ha actuado deslumbran. Cuando La Tati escucha su palmarés no se ruboriza, ni alardea, al revés: lo aterriza rápidamente. «Lo bueno es que desde muy pequeñita empecé a alternar el tablao con el teatro. Por mi forma de bailar o por lo que fuera me llamaban. He trabajado mucho con el teatro porque me ha gustado tanto que me he visto todo lo que he podido; en las giras, en el día libre lo que hacía era ir al teatro, visitar los museos, leer a los grandes poetas». Más que del éxito propio, le preocupa que no se reconozca el ajeno, que caiga la memoria de muchos flamencos en el olvido. Y en eso cree que Madrid va acumulando deudas. «Sobre todo con los Pelaos. Ellos eran una dinastía en el baile, eran madrileños, de Tetuán de las Victorias, que es otro barrio que tiene tela. Además Faíco fue una grandísima figura del flamenco. El tío Fati y toda esa gente, la Farruca, no se puede olvidar». Y añade tajante, para que quede constancia: «Eso necesita enmienda».

Bajo el brazo La Tati lleva el libro *El camino del duelo* de Miguel Ruiz: «Es un libro que habla sobre la sanación y transformación para una vida sana. Después de una pérdida, algo hay que hacer». A Francisca Sadornil Ruiz le acompañan profundas heridas. Ha perdido a familiares y amigos, ha sufrido los sablazos de la vida por la marcha temprana de gente cercana. Se define como madrileña y castiza, pero confiesa su amor y pasión por Jerez, «por las entrañas de Jerez, los tabancos, el barrio de Santiago, la plaza del *mercao...*». Una convivencia profunda de la que presume. «Me he criado con La Paquera de Jerez dieciocho años, casi todos los artistas que había en Madrid o eran de Jerez o eran de Sevilla. Al Capullo lo conocí en Barcelona cuando fui a trabajar al Tablao Cordobés en el año 1976, entonces estaba Juanito Villar, que ya estaba cantando un poco solo y llegó Capullo y fue Juanito Villar el que le dijo: "¿Por qué no le cantas a La Tati, que es una gachí de Madrid?". Y le subían un whisky y un canuto para que me cantara», cuenta entre risas. En la ciudad andaluza vivió varios años porque, confiesa, le conectaba con su infancia.

«Jerez es el pueblo con su acervo popular, donde el que vende el pescado es tu vecino y cosas así. El pescadero ese día coge cinco o seis kilos de *pescao* y lo vende, está con una botella de fino, con su copa, y lo único que hace en el *mercao* es cantar y bailar. Yo, cuando estaba allí, iba todas las mañanas a comer churros, que me encantan, y después me daba una vuelta por ahí, a ver a la familia de La Paquera, a ver al otro, todo el mundo cantando y bailando». Y continúa: «Ese Jerez tiene que ver con el Rastro y el Lavapiés de cuando yo era jovencita. Porque lo cierto es que aquí estaba lleno de andaluces, por el éxodo masivo en los años cincuenta, que fue tremendo. Toda esta zona eran andaluces y extremeños. Alguna gente venía con dinero, por ejemplo la familia de Joselito, los Romero, que son todos anticuarios y gitanos. Había algunos artistas, pero lo que sí hacían todos era cantar y bailar. Muchos de esos gitanos con dinero son los que iban luego a los tablaos, a Torres Bermejas, al Duende, a los Canasteros. Porque claro, les gustaba el flamenco».

En este punto recupera la reivindicación de la importancia que tuvo para el cante una generación de poetas. «El flamenco es un arte de dolor, un arte que ha sido machacado, que verdaderamente nadie ha considerado arte hasta que pasó mucho tiempo. Pero ellos, Federico García Lorca, Miguel Hernández o Rafael Alberti, vieron el sufrimiento y todo lo que el flamenco representa, que es lo mismo que ellos expresaban. Por eso en ocasiones, incluso sin ser de la misma tierra, sus palabras llaman a cualquier flamenco, también porque además tienen una métrica musical que es que entran las letras perfectas».

La Tati se enerva cuando se habla de las dificultades para rescatar del olvido la memoria de nuestro país, de los derrotados de la Guerra Civil, de las injusticias del franquismo, pero recupera el humor cuando habla de críticos y flamencólogos. Había uno del que afirma con guasa y conocimiento: «Él quería ser purista y no sabía una mierda. Los buenos lo han sido porque han entrado y han hablado de la gente como tenían que hablar, porque te puede gustar un cantaor o un guitarra, pero tienes que ser analítico y tienes que hacer un análisis de qué hace, de qué canta. Uno muy famoso de entonces no sabía *na,* la que valía era su mujer, que era la que le hacía la crítica, él se dedicaba a ir a los sitios a comer y a beber». Tampoco le hace mucha gracia la música que se dice flamenca y se mezcla con otros estilos: «En estos tiempos que estamos todos locos, cada día sale un loco más. Pero lo que no se puede permitir es que a eso le llamen flamenco, porque jamás otros géneros como el clásico o la ópera se pueden denigrar de tal forma como se está haciendo con el flamenco. Lo siento, yo soy más moderna que el chicle, más vanguardista que nadie, pero una cosa es una cosa y otras no pueden ser. Hay mucha gente que habla de flamenco y luego no saben *na,* solo eso de cuándo nació y cuando murió un cantaor. Pero *na* más». Y critica la manera en que los medios de comunicación informan ahora sobre flamenco: «No se dicen nada más que tonterías y eso lo han traído también las redes sociales». A pesar de esa visión desfavorable del momento actual, en los últimos años La Tati ha recuperado presencia en los medios, especialmente cuando se le hizo el homenaje a su carrera en el XVII Festival Suma Flamenca de Madrid, en noviembre de 2022. En una entrevista publicada en octubre de ese año, la periodista Luz Sánchez-Mellado le preguntaba si sesenta años de carrera no habían sido suficientes para tener seguridad económica. La Tati respondía: «He ganado lo mío actuando por el mundo. He sacado adelante a mis hijos sola, les he dado una casa, un colegio, unas vacaciones. No he tenido grandes capitales. Pero, a partir de los cuarenta o cincuenta, no te llaman, y del prestigio no se come. Por eso empecé a dar clases. Tuve que aprender a enseñar. Yo no aprendí de ningún libro, soy autodidacta. Empecé a bailar oyendo cantar a los gitanos en el Rastro. Yo movía las manos a compás antes de leer el cuento de los cinco lobitos».[18]

Francisca Sadornil lleva alrededor de treinta años impartiendo clases en la escuela de Amor de Dios, donde es una institución y fuente inagotable de sabiduría y compromiso. La Tati se conoce el Rastro y Lavapiés de arriba abajo y de abajo arriba. Fue clienta del Candela desde el primer día. «En aquella época había muchos bares en Madrid donde se reunían los flamencos, pero el Candela, por ser Miguelito como era, tan de Granada que era él, con ese carácter tan suyo, era especial. Estar en ese barrio y tener esa cueva que era una maravilla nos dio mucho chance. Empezamos a ir y todo iba de perlas. Miguelito jugaba al ajedrez, la madre hacía bocadillos, los hermanos por allí, yo les llamaba la familia Dalton. Cuando nos daban las tantas de la mañana y cuando iba a cerrar y ya él daba el toque, que era muy *salao* para eso, la madre decía "Tati, no irse" y ahí que nos quedábamos. Miguel era un tipo valiente y generoso. Yo le quería mucho, bueno, le quiero porque para mí no ha muerto. Yo era la pareja de baile de él en las fiestas y muchas veces dormía en su casa porque igual ya era tarde y no me dejaba que me fuese sola a la mía». Y prosigue: «El Candela además de todo fue un buen sitio de reunión. Antes, cerca de los tablaos, siempre había un bar donde parábamos. Por ejemplo, frente a Canasteros estaba Los Corsarios, en Torres Bermejas la cafetería Trucha, en Amor de Dios cuando la escuela estaba en esa calle el punto de parada

18 L. Sánchez-Mellado, «La Tati: "Bailar me quita los colores»», *El País*, 30 de octubre de 2022.

era el bar de la esquina, el Dino. Y eran sitios que, como los artistas no teníamos teléfono, no teníamos oficina, pues igual iban allí a buscarnos y firmar contratos. A mí, para la Cumbre Flamenca, vino Paco Sánchez a buscarme a El Moka. Ahí llegaba la Navidad y decíamos "enfría cuatro o cinco botellas de champán". Yo volvía de una gira y lo primero era ir allí a tomar un café o lo que fuera. Ahí iba Faíco y todo el mundo. Y luego por la noche había otros sitios donde nos veíamos, y luego ya el Candela, claro. Eso ya no lo hay. Y el flamenco es eso. La conexión, el hablar. El flamenco se mantiene por la afición, es muy fuerte como *pa* que se vaya». Ella también vivió la cara y la cruz de un tiempo en que las emociones a veces doblegaban los cuerpos de muchos jóvenes. Sabe lo que supuso la droga y sus derivas, del mal que hizo en muchos chavales próximos a ella. «Yo viví ese mundo, como dicen los jerezanos, profundamente. He visto todo lo que pasa ahí, toda la mierda que hay, toda la mentira. Pasa como con el flamenco, a mí no me lo podéis contar porque yo estaba ahí. Era parte de ello». La Tati resopla emocionada y apura el final de su vino oloroso. En ese punto lanza un pensamiento por Pepito, figura icónica entre la clientela del Candela. «¡Era de guapo y bailaba de bien! Bailaba el baile del Güito tan bonito. Se enteraba de todo, pero lo que pasa es que tenía sus crisis y le tenían que ingresar y Miguelito, como con todo el mundo, se portó muy bien con él». La conversación llega a su final, La Tati se levanta de la mesa no sin antes reivindicar su momento actual: «A pesar de *to* lo que te cuento, tenemos que vivir con la época y no de nostalgias, seguir el ritmo». Y finaliza rotunda: «Estaba jodida, pero ahora estoy fuerte, estoy para arriba. Voy a hacer algo grande. Yo siempre estoy aprendiendo».

EL FLAMENCO VIVE

Fundada en Madrid en 1970, Discoplay nació como tienda de discos en la vieja galería comercial Los Sótanos, situada en los números 53, 55, 57 y 59 de la Gran Vía. Aquella tienda fue un referente especialmente en las décadas de 1980 y 1990 para los aficionados a la música. Editaban una publicación mensual gratuita, el *Boletín Informativo Discoplay (BID),* que mandaban a suscriptores de toda España y donde exponían las novedades y parte de su fondo, que era inmenso. El boletín alcanzó a tener una tirada de un millón y medio de ejemplares y la tienda llegó a registrar pedidos de hasta dieciocho mil discos en un día, años antes de la aparición de Internet y la venta digital. En la última década del siglo XX abrió locales en varias ciudades del país e incluso en 1992 uno en Moscú, siendo la primera tienda de discos occidental y la primera empresa española en la Rusia posterior a la caída de la Unión Soviética. Con los albores del siglo XXI fue languideciendo hasta desaparecer completamente. Su fundador, Emilio Cañil, fue un difusor excepcional de la música anglosajona en España, pero también un gran apoyo para el lanzamiento de los cantautores y de los nuevos aires rockeros que emergieron en el país tras la muerte del dictador Franco. El dibujante

Ceesepe definió a Cañil como «mercader de melodías» en una ilustración que hizo para un número del *BID* dedicado a las «tribus urbanas». Todas las escenas musicales y juveniles del momento acudían en peregrinación a los sótanos para abastecerse: en Discoplay, además de discos, se podían comprar pósteres del Che Guevara o camisetas de AC/DC, un tipo de *merchandising* del que también fueron pioneros.[19]

Quizás uno de los géneros musicales que menos espacio tuvo en la tienda fue el flamenco. Lo confirma Alberto Martínez de Plaza: «Cuando estaba trabajando en Discoplay empecé a tocar la guitarra y moverme en el mundo del flamenco, comencé a darle vueltas y pensaba: "Joder, habría que poner una sección y cuidar más el flamenco". En Discoplay se tenía la idea de abrir más secciones, incluso había un teatro en la planta baja que iba a usarse para programar actividades, pero, antes de que ocurriese, la empresa se vino abajo». Alberto es un tipo grande en el amplio sentido de la palabra, nació en Madrid en 1966, con el pelo rizado, tiene una poblada barba en la que despuntan algunas canas y se le ve en buena forma física. Su grandeza está construida a partir de una amabilidad desbordante que se asoma tras una primera impresión de tipo duro y callado. Él y su hermano David gestionan desde 1994 la empresa El Flamenco Vive, probablemente el catálogo comercial de cultura flamenca más grande del mundo. En su fondo discográfico están desde las primeras grabaciones del siglo XX hasta las últimas novedades, también libros que están descatalogados y publicaciones recientes, instrumentos de cuerda y percusión, ropa de baile flamenca y ediciones de producción propia. El proyecto tiene dos vertientes. Por un

19 «La semana pasada falleció Emilio Cañil, fundador de Discoplay», *Efe Eme*, 26 de enero de 2010.

lado la tienda de discos, libros, etcétera, y por otro el taller y punto de venta de calzado flamenco y de baile artesanal en la calle Duque de Fernán Núñez, frente a la escuela de baile Amor de Dios del mercado municipal de Antón Martín. Un taller y tienda que está situado en los límites de Lavapiés, junto a la calle Atocha. Treinta años de historia que comenzaron cuando trabajaba en Discoplay, donde reconoce que aprendió mucho de cómo meterse en el negocio de la música. La entrevista con Alberto es en febrero de 2023, cuando la tienda de El Flamenco Vive estaba todavía en la calle Moratín. «Yo era muy jovencito y tenía mis sueños, como todo el mundo. Al final decidí lanzarme solo al barro, no volví a tocar la guitarra porque no tenía tiempo para nada, cogí mi colección de discos, la vendí para poder empezar y arranqué la tienda. Entonces se vino mi hermano conmigo; él es una pieza fundamental en esto de El Flamenco Vive». Lo cuenta con dicción pausada. «La primera tienda de música era en la calle de la Unión, allí duramos cuatro años. Luego nos trasladamos a la calle Conde de Lemos, en la zona de Ópera, donde estuvimos veinte años y pico, aquí en Moratín llevamos cuatro». Siempre en el centro de Madrid. Un año después de la entrevista, la tienda de la calle Moratín cerró por el elevado gasto que suponía el alquiler en una zona de la ciudad donde el precio de estos se ha disparado sustancialmente en los últimos tiempos. Ahora solo vende por Internet, a compradores de treinta países distintos, pero mantienen abierto al público el local de zapatos artesanales. «La primera tienda de discos fue la más coqueta y acogedora: siempre hacíamos exposiciones, era una época en la que todavía existía un tipo de aficionados de aquí que compraban música y que tenían interés por el vinilo, por el CD, por los libros. Ahí empezamos a vender guitarras y más cosas, luego compramos una pequeña empresa que fabricaba zapatos. Ahora lo que menos funciona son los discos y lo que más, los zapatos. Hemos hecho zapatos para grandes musicales, como el de *Billy Elliot,* también para grandes bailaores y bailaoras. Esa parte es todo gracias a mi hermano, que es un fenómeno y que ha controlado todo el proceso porque es muy mañoso».

Alberto Martínez de Plaza, natural de Vallecas, se trasladó joven al centro de la ciudad y vive desde hace casi treinta años en la calle del Oso, en Lavapiés. La misma donde nació la cantante Ana Belén y donde también residió una referencia totémica del flamenco: «Mi piso está frente a la casa en la que había vivido Faíco, el bailaor. La compré por casualidad y cuando me dijo una vecina que ahí vivió Faíco y que venía a buscarle Lola Flores y que se tiraban unas fiestas que no veas, me dio mucha alegría». De la pasión que descubrió por el flamenco cuando trabajaba en Discoplay pronto pasó a meterse en el mundillo. «Mi primer contacto con artistas fue en la Peña Chaquetón de la calle Canarias. Como es tan generoso, Pablo Tortosa siempre nos ha cuidado mucho a la gente de mi generación. Cuando la peña estaba en el Candela no lo conocí, pero somos un poco de allí, él nos hizo *aficionaos*». En ese plural incluye a su hermano, a sus familias, a gente como Ángel, de las bodegas Alfaro. Cuenta que en la sede de la calle Canarias primero cantaban los aficionados y luego «las figuras». Alberto todavía recuerda con cariño la sede de la Peña Chaquetón en la zona de Delicias: «Lo pasábamos genial allí, luego nos quedábamos a puerta cerrada y venían otros artistas».

A partir de la segunda mitad de los ochenta Alberto paraba con frecuencia en el Candela: era de los que algunas noches terminaba allí, también de los que lo frecuentaban en tardes tranquilas de poca parroquia. «En aquella época tampoco iba tanta gente como en los últimos años del Candela, así que cuando bajabas a la cueva te encontrabas con todo el mundo. Yo he visto a Paco de Lucía tocando la guitarra para acompañar al cante a los cantaores que había ese día, también a Camarón». Algunas veces su parada anterior era en Casa Patas, en la calle Cañizares, muy cerca del Candela. «Allí yo iba a ver al Chocolate, al Agujetas, a todos los que han pasado por ahí en esa época. A Casa Patas la tengo yo como uno de mis templos, y muchas noches que se acababa ahí la actuación pues íbamos al Candela». De esas subidas y bajadas entre ambos locales tiene en la memoria grabada una noche muy especial. «En Casa Patas le dieron a Camarón unos discos de platino de cuando sacó *Soy gitano.* Luego seguimos la celebración en la cueva del Candela, donde estaban los Ketama, El Guadiana y más gente. Seguimos a puerta cerrada, pero se corrió la voz por el barrio y ya cuando salimos a las nueve de la mañana del día siguiente había una multitud de gitanos fuera que echaba niños por encima a Camarón para que los tocara y bendijera. Era una cosa alucinante, medio mágica: entre que ya te has tomado unas copitas, que no has dormido, la emoción y todo lo que se genera en esas situaciones… Yo lo tengo en la mente como eso, como una mañana mágica». Al contarlo le brillan los ojos y resopla al final del relato. No sería la única velada que guarda en el archivo de sus vivencias. Del Candela añade otra importante. «En un cumpleaños de Manolete al que fui con El Güito, con Bernardo, El Indio Gitano, estaba también Antonio Benamargo. Éramos unos pocos, y bajamos a la cueva y El Güito estaba fantástico y se sentó Manolete, con su bastón, y El Güito comenzó a cantar por bulerías y a bailar y fue una de estas noches que te pilla y no te suelta. He vivido pocas pero intensas. No he sido como Gamboa o como Juan Verdú, que estaban ahí metidos todo el día, he estado con muchísima gente, con Rafael Riqueni por ejemplo, pero vamos, que no soy uno de esos que iba a diario y entraba diciendo: "¿Qué tal estáis?"». De ese repaso de tiempos, noches y amaneceres, todavía tiene grabado el día que murió Miguel. «Cuando pasó la desgracia yo iba a la otra tienda que tenemos en Duque de Fernán Núñez y me encontré el percal. Yo tenía muy buena relación con él. Era un tipo sencillo, siempre intentando agradar, amigo de sus amigos, era muy entrañable cuando venía Enrique Morente y se ponían a jugar al ajedrez. Miguel estaba muy atento siempre a los artistas, a que el Candela tuviera su poso, a que el alma del sitio fueran los flamencos, que eran los que lo llenaban». Y añade: «A Miguel le recuerdo siempre así, como un tipo tranquilo y generoso».

Cuenta Alberto que a veces, cuando sabía que había personajes famosos de la farándula en la cueva, prefería no bajar. «Me gustaba más al principio, cuando no había tanto público de noche y nos quedábamos cuatro. Ese rollo del portero, con colas para entrar, fue después de la muerte de Miguel. El Candela durante mucho tiempo era un sitio *relajao,* venías con unos amigos, hablabas con Miguel y le decías "¿podemos bajar abajo?". Y ya a partir de ahí venía la gente, miraban *p'abajo* y se iban enganchando porque fulano o mengano había sacado la guitarra». No se olvida de otros locales del barrio donde en la década de 1990 y hasta principios del siglo XXI el flamenco también tenía su espacio. «Estaba El Juglar, en la calle Lavapiés, donde teníamos un amigo en común, Gálvez, que ha sido también socio del Círculo Flamenco de Madrid. Él y Javier Guerra programaban con Ángel de las bodegas Alfaro unos ciclos buenísimos de flamenco. Yo edité un disco del Canela de San Roque, por ejemplo, que una parte se grabó allí. Un discazo que tuvo mucha repercusión».

Aquí resulta indispensable citar a otra leyenda del flamenco que frecuentó el barrio. «El Torta cogió El Juglar como su epicentro, además en ese tiempo le llevaba Javier sus cosas». En El Juglar, El Torta hizo buenas migas con el trompetista de jazz Jerry Gonzalez, añade Alberto antes de continuar explicando su ruta de entonces. «También pasaba mucho por las bodegas Alfaro. Ángel ha organizado muchísimas cosas allí y los días que caían las Alfaro eran geniales..., por ejemplo cuando venía la gente de Jerez. Rafael Riqueni algunas veces se bajaba a la cuevita de las Alfaro con su guitarrita. Lo de Ángel también ha sido un sitio clave para el flamenco, y luego para acercar el carnaval de Cádiz a Madrid. Un sitio muy importante para el flamenco en el barrio y la ciudad». Alberto se calienta y sigue desgranando lugares por donde paraba en Lavapiés. Le vienen a la mente tres que estaban en los alrededores y también eran flamencos: el Chenel en la calle Atocha, La Soleá en la Cava Baja o la sala Katmandu cerca de la plaza de la Villa, que fue antes El Cañí. Puntualizado el mapa, prosigue con su particular cartografía hostelera: «En la calle Magdalena había algo así como lo que llaman ahora un *after* de esos. Lo tenían unos gitanos amigos míos, los Escudero. Estaban allí toda la familia y hacían un pucherito que no veas. Alfredo, que era uno de los que lo llevaba, es un tipo muy generoso y tenía eso ahí muy bien *montao.* Enfrente había un lugar de tango argentino que vendían pizzas y empanadillas hasta altas horas de la noche que nos gustaba mucho, La Recoba. Algunos flamencos también iban ahí porque a veces había musicazos argentinos. Era otro Madrid, ahora esto no tiene nada que ver».

Un Madrid donde cuenta que los billares de la Gran Vía eran «parada obligada» y donde explica con nostalgia cómo la gente consumía música. «Cuando Enrique Morente venía a la tienda, lo compraba todo. No he conocido a un cantaor que haya comprado más discos que Morente. Había otros que no compraban discos, que eran ratones de armario, eso Enrique también lo hacía. Pero esa inquietud por la música la tiene que tener un artista». Alberto cuenta cómo ha vivido el cambio entre aquellos días de Discoplay y el momento actual. «Antes todo iba a través de las discográficas, porque las autoproducciones eran raras y mucho más en flamenco. Ahora las ventas han caído en picado, si antes vendías trescientos ahora son treinta, así de *descarao.* Por ejemplo, se reeditan vinilos de Camarón, hacen trescientos discos y dicen que "el vinilo ha cogido auge", cuando el auge en mi época eran cincuenta mil copias vendidas». Y añade, recordando el pasado glorioso de Discoplay: «Yo es que vengo de descargar camiones enteros, salía uno de Michael Jackson, descargábamos un camión, con Dire Straits otro… A Discoplay, cuando se anunciaban los discos en el boletín, ibas como un loco. Podías vender miles en dos días. Ahora te viene un señor y te dice "oye, mira a ver si tienes esto" y el que reparte los discos te trae una cajita pequeña. Ha cambiado todo muchísimo».

En El Flamenco Vive lo que sí se mantiene en el mismo lugar y con la misma filosofía con la que abrió es el taller y tienda de zapatos artesanales. David, el hermano de Alberto, tres años más joven, tiene otro corte físico, algo más enjuto y moreno. También su expresividad es distinta, con una pausa y una calma que le delatan como artesano incluso para elegir las palabras. Lo que ambos hermanos comparten es una amabilidad exquisita. El sonido del taconeo de las clases en la escuela de Amor de Dios inunda las calles adyacentes durante la mañana y la tarde, también el taller. Las ventanas de la escuela están decoradas con diferentes fotos icónicas de Enrique Morente, que se exponen al público en una mirada que comparte con el cielo de la ciudad. «Esta tienda está aquí antes de que viniera la academia, que entonces estaba en la calle Fray Luis de León. Empezamos con el negocio porque lo pillamos de Félix Soria, el bailaor, que quería dedicarse más a la docencia y no quería seguir con el taller. Al principio estábamos con un amigo, Manuel Moraga, que luego decidió dedicarse más a la radio». Cuenta David que a partir de que Amor de Dios se instaló en lo alto del mercado frente a su tienda, en el año 2003, la influencia y repercusión en su trabajo ha sido enorme. La escuela se situó allí después de haber sido desahuciada en 1994 del mítico caserón que ocupaban en el número 4 de la calle Amor de Dios, un lugar que fue epicentro del baile flamenco durante treinta años. Entre ambos destinos tuvo una localización temporal en la calle Fray Luis de León, cerca de la glorieta de Embajadores. Siempre con la presencia del sonido de los tacones como principal banda sonora, en Amor de Dios difundieron su legado bailaores y bailaoras como El Güito, Concha Jareño, Antonio Gades, Manolete, Carmela Greco, La Truco, Toni El Pelao y La Uchi, Belén Maya, Ciro Diezhandino, La Tati y, más recientemente, Belén López, María Juncal, Antonio Reyes, Manuel Liñán, Alfonso Losa o José Maya.

A rebufo de la presencia de Amor de Dios en el mercado de Antón Martín, se instalaron en la zona otras zapaterías artesanas especializadas en flamenco. «Está Coral, que lleva muchísimos años, ahora Luna, hay otra zapatería que se llama Ada, Senovilla, también muy conocida, ahora se ha jubilado el dueño de Don Flamenco aquí a la vuelta de la esquina, otra de toda la vida es Gallardo, y más lejos, por Tetuán, Menkes». La principal característica del zapato flamenco está en la suela, en los clavos, en la dureza que tiene que tener para que suene con fuerza. Están pensados para un uso casi diario: se montan y desmontan, se reparan, la durabilidad y el sonido son fundamentales, cuenta David. Para un bailaor o bailaora profesional su zapato es como un instrumento, requiere un cuidado y un cariño. «Esta forma de hacer el zapato a mano y artesano somos pocos talleres los que quedan. Ya se está industrializando y eso limita la personalización de lo que necesita cada persona para su pie», explica David antes de añadir: «los pies se van deformando, se van ensanchando, hay que hacer los zapatos a medida, de manera industrial no es viable». David dice que Madrid es la capital del taller del zapato artesano, que ya casi no se produce a mano en ninguna otra ciudad de España, aunque sí hay tiendas especializadas en varias ciudades de Andalucía y otra en Barcelona. «Esto es una pequeña cadena, hay que armarlos y luego se quedan secándose para el día siguiente. No podemos hacer más de seis o siete pares al día y somos seis personas trabajando en ellos. Vendemos zapatos para todo el mundo, especialmente para Japón, pero también para China y Taiwán, donde se nota que también está fluyendo el flamenco. Luego siempre tenemos clientes de Francia y Estados Unidos, aunque en realidad de todo el mundo; por ejemplo últimamente de Finlandia, donde te sorprende que unos tíos tan serios tengan afición por el flamenco». En esa universalización del baile flamenco, David destaca un nombre de la zona: «La Tati es una figura importantísima dentro de Madrid y en general en el mundo flamenco. Porque ella no solamente es importante como figura del baile sino también como maestra. No todo el mundo vale para enseñar y ella la verdad es que sí». Y entre los nombres que añade al mérito de la extensión del baile flamenco apunta a un cliente del taller con el que ha trabajado en muchas ocasiones, el bailaor y coreógrafo Manuel Liñán.

Para David, el debate sobre si el baile debe estar supeditado al cante tiene varias aristas y recuerda que la danza tiene un valor en sí misma. «El baile abarca muchísimo, transmite mucho. El que está más acostumbrado al cante lo disfruta de esa manera, pero también hay gente que disfruta de la danza en sí. Todo es válido».

El taller de zapatos artesanales de David Martínez y la escuela de Amor de Dios están a menos de ciento cincuenta metros de la calle donde originalmente estuvo la academia de baile, en la que Carlos Saura grabó numerosas escenas para la película musical *Carmen* en 1983 con el bailarín Antonio Gades, la bailarina Laura del Sol y la colaboración especial de Pepa Flores, Cristina Hoyos y Paco de Lucía. Solo hay que cruzar la calle Atocha y ahí empieza la calle Amor de Dios. El vínculo con el flamenco se mantiene en el número 13 de la vía, donde está situada Guitarras Pedro de Miguel. Un precioso taller artesanal de instrumentos de cuerda que tiene primero un mostrador de cara al público y luego una segunda estancia donde se encuentra el espacio de trabajo. La guitarrería la abrieron en 1991 Pedro Pérez y Miguel Rodríguez, discípulos durante muchos años del maestro guitarrero José Ramírez. El espacio de la tienda está abigarrado de guitarras y algunas fotos de artistas que han pasado por allí; destaca el cartel del homenaje que se hizo a Pepe Habichuela por sus «60 años de guitarra flamenca» en 2017. Pedro Pérez y Miguel Ángel Rodríguez empezaron en 1974 en el local de José Ramírez, se conocieron allí y después de casi veinte años trabajando en la mítica guitarrería madrileña montaron su propio taller. La escuela de baile estaba enfrente de su local. El concepto sobre el que se construye una guitarra flamenca es muy complejo. Tiene que ver con el sonido, con la rapidez de respuesta, con que tenga un grave potente o una aguda que acompañe, con que todo esté compensado y tenga la pegada deseada. Lo cuenta con cierta dosis de pasión Rubén Pérez, hijo de Pedro y que actualmente regenta el negocio. «Yo empecé con dieciséis años. Venía aquí antes e iba aprendiendo poco a poco, pero luego me distancié porque ya sabes, trabajar con tu padre no es fácil y esas edades pues tienen esas cosas. Luego, cuando mi padre falleció, me llamó Miguel Ángel y decidí volver aquí. Llevo veinte años con esto». Hablar con él es conversar sobre maderas y sonidos, medidas personalizadas, tamaños de manos y anchura de cuerdas o cajas. Los encargos, igual que ocurre con los zapatos, llegan desde muchos rincones del mundo. Cada escuela y cada geografía, cuenta, tienen sus características y preferencias: «El guitarrista madrileño tiene sus gustos dependiendo de la zona. La gente de aquí, del Rastro y Lavapiés, suele buscar sonidos delicados, con buena proyección, ejecutando muy bien y con una pulsación relativamente blanda de mano derecha por lo general. Todos los que se criaron por esta zona, gente como El Bola, Montoyita, Pepe Torres, Paquete, Josemi Carmona…, tienen un mismo estilo a la hora de tocar. No todos iguales, claro, pero similar, más meloso, con tendencia a ser solistas. Luego están Gerardo Núñez o Rafael Riqueni, pero me refiero más a los otros, que compartieron los alrededores de la plaza de Cabestreros de Lavapiés. En Caño Roto, junto a Carabanchel, son sonidos más rápidos, mucho más fuertes de pulsación, necesitan guitarras más duras. Son conceptos distintos, en Caño Roto son más acompañantes, aunque hay también muy buenos solistas como pueden ser El Viejín, Entri o Jesús de Rosario».

En el taller entra y sale gente para pedir presupuestos, para preguntar por reparaciones o para visitar alguna guitarra que está en ese momento en construcción. La fabricación de guitarras es un proceso artesanal que lleva un tiempo. «Si solo se hiciera una guitarra, totalmente a mano y por una persona durante ocho o diez horas al día, se tardaría de media unos cuarenta y cinco días. Más un mes o mes y medio de barnizado. En total unos tres meses aproximadamente. En nuestro caso, como hacemos reparaciones, hacemos varias a la vez y tenemos lista de encargos, ahora estamos entregando trabajos a diez u once meses». Rubén opina que Madrid «es la referencia de la guitarra en general, no solo flamenca. Aquí es donde están los talleres centenarios, donde se renovó, donde se ha tendido a evolucionar». Al final de la conversación con el guitarrero hay jaleo en la calle Amor de Dios, una discusión de vecinos algo alterados. Rubén Pérez toma partido y se asoma para cerrar el asunto con una sentencia a grito *pelao* muy del oficio: «¡Porque le tengo mucho respeto al instrumento, que si no estabas el resto de tu vida cagando astillas!».

La guitarra fue la gran protagonista del Candela, en buena parte por el protagonismo que tuvieron en el local los tocaores que mencionaba Rubén Pérez, los que se juntaban en la plaza de Cabestreros para practicar por las mañanas. Durante una época había días que pasaban también por allí Diego El Cigala o músicos de otros géneros que vivían por la zona como los saxofonistas estadounidenses Malik Yacoub o uno de los impulsores del flamenco-jazz, Jerry Gonzalez. Hoy esa plaza, que cambió el nombre por el de Nelson Mandela, tiene un aspecto muy distinto al que tuvo antiguamente. De ser un espacio sombreado, con arena, zona infantil, grandes árboles, mesas con tableros de ajedrez, el resto de un muro del convento del siglo XVIII que hubo allí y un pequeño foso donde se hacían actividades y recitales, tras la desastrosa reforma que hizo el Ayuntamiento de Madrid con Alberto Ruiz-Gallardón como alcalde, es una plaza diáfana, calurosa y que solo invita a pasar de largo.

Alberto Martínez, al igual que su hermano David, pone en valor a los flamencos que nacieron y crecieron en la zona, como El Güito o La Tati, también a los que vinieron de fuera y se instalaron aquí. Menciona el nombre de otro flamenco ilustre que vivió en Lavapiés y del ambiente que durante un tiempo tuvo el barrio, antes de la aparición de los jóvenes flamencos, en la década de los setenta. «Un día, hablando con Juanito Villar, me contó que él vivió en la calle Mesón de Paredes, en un portal cerca de mi casa. Creo que fue porque estuvo siete años en Madrid trabajando en tablaos. Me decía: "Tú no te imaginas lo que era eso. Yo es que no me he acostado en esos años antes de las nueve de la mañana ningún día. Es que salíamos unos con otros, quedábamos y estábamos todos"». Y prosigue Alberto: «Al lado de las Alfaro vivió Chano Lobato; por la calle Ave María, Rafael Riqueni; en la calle Provisiones, El Cigala; más abajo, José Mercé; frente a mi casa, Faíco...». También Pepe el de la Matrona o Sara Lezanza vivieron en la zona. «Todo era muy distinto, desde la manera de verse y quedar, porque no había redes, no había casi ni discos, hasta la manera de aprender y conocer el oficio, quedando unos con otros. Eso ha sido fundamental». Y responde, al final del encuentro en la ya desaparecida tienda de la calle Moratín, sobre qué entiende él por vida flamenca: «Tiene que ver con cómo enfocamos todo. Con cómo consumimos, incluso con cómo cuidamos el planeta. Yo voy andando a todos los sitios, consumo todo lo que puedo en el barrio, entreno boxeo por aquí, intento llevar la vida un poco así». Y remata: «Cómo enfoquemos nuestra vida es una fórmula que tiene que ver con el flamenco y con todo».

NA ES ETERNO

Casa Patas abrió en 1985, el local original fue antes una conocida cristalería del centro de Madrid situada en el bajo de un edificio del siglo XIX.[20] Enrique Guerrero quería abrir un lugar singular apegado a la tradición tabernera de la ciudad, aunque no tenía una vocación predeterminada hacia el flamenco. «Mi padre vio desde muy joven que las tabernas eran lugares especiales, donde se producía algo muy fructífero de la idiosincrasia de los madrileños, eran fundamentalmente lugares de encuentro y conversación. Y aunque él no era muy de bares sí que le gustaba ese ambiente». Lo cuenta Martín Guerrero en el verano de 2021, sentado en medio de la sala vacía que albergaba el bar y el restaurante de lo que fue un referente del flamenco madrileño durante casi cuarenta años. Lo que comenzó siendo una taberna a pie de calle mutó hasta convertirse en un templo que ocupó un edificio entero de tres plantas donde, además de dos espacios diferentes para actuaciones (el tablao y la sala García Lorca), hubo un rincón escénico con el nombre de Café Cantante que en los últimos tiempos se

20 N. Serrano, «Cierra Casa Patas, el templo flamenco más famoso de Madrid», *ABC*, 31 de mayo de 2020.

llamó Café Morente, salas de ensayo y baile, un patio, una galería y la taberna-restaurante que abría todos los días. Editaba además una publicación trimestral gratuita con el nombre del local y la leyenda «El flamenco y la dieta mediterránea, patrimonio cultural inmaterial de la humanidad». Ubicado en un punto medio entre el Rastro y la plaza de Santa Ana, estaba a un tiro de piedra del Candela y en su publicidad se anunciaba dentro del barrio de Lavapiés. «El hecho de que el flamenco llegara a Casa Patas no fue una idea de mi padre ni de ninguna de las personas que trabajaban en este lugar —cuenta Martín Guerrero—, fue una idea de los propios artistas, que expresaron su necesidad de que hubiera espacios donde ellos pudieran desarrollar sus inquietudes, y esa necesidad fue recogida por mi padre.[21] Pero no solo ocurrió con Casa Patas, en aquella época otro de los núcleos de todo ese ambiente fue el Candela. También lo fueron la sala Revólver, cuando se hicieron Los Lunes Flamencos, o la sala Caracol. En esos lugares el flamenco aparecía naturalmente: se juntaban el hambre con las ganas de comer».

Martín Guerrero es un tipo alto, de complexión fuerte, ronda la cincuentena. Amante del arte, arquitecto de formación y oficio, educado y de buen trato, lideró Casa Patas a partir del legado de su padre. Siempre elegante, el encuentro con él se realiza en una sala vacía abigarrada de retratos de artistas flamencos que actuaron allí, nombres y apellidos con enjundia en unas fotografías en blanco y negro que tomó el propio Guerrero. Una colección espectacular donde también se cuela algún músico de jazz como Jerry Gonzalez con su trompeta o la cantante Rosalía cuando cantaba flamenco y todavía no había despuntado para el *mainstream.* Decoran el

21 «El promotor gallego del arte flamenco», *Faro de Vigo,* 13 de julio de 2014.

lugar carteles de grandes eventos flamencos, un enorme retrato de Enrique Guerrero realizado por el pintor Antonio Maya y, detrás de la barra, las imágenes destacadas de Enrique Morente y Paco de Lucía.

A Martín Guerrero le gusta desarrollar su punto de vista seleccionando bien las palabras, se nota que quiere ser preciso al explicar la filosofía sobre la que construyó su proyecto: «El flamenco es un arte de raíz popular, y por lo tanto nace precisamente en contextos de convivencia en los cuales, como todo arte, lo que busca es unir a las personas, compartir emociones, estrechar lazos, hermanar a unas personas con otras». Lo dice rematando cada frase con una sonrisa, con verdadera pasión. «Y por otro lado —prosigue—, el flamenco como arte popular y de tradición oral se comparte en esas reuniones en principio informales. La transmisión del conocimiento llega cuando un artista de Andalucía o de Extremadura se encuentra con uno de Madrid y de la inspiración que ahí se genera, porque, como en todo arte, unos artistas retroalimentan a otros. Para que todo eso exista, para que haya una evolución, para que intervengan nuevas sensibilidades y adquieran el conocimiento necesario para proyectar el flamenco a su propio modo, lo hagan mejorar o aporten algo a la tradición, es necesario que existan lugares de encuentro entre los artistas». Una conexión que, señala, no se entiende sin la cadena de vasos comunicantes que fructifican en esos encuentros, que no son solo entre los músicos: «Es también entre los artistas y el público en general, que incluye también al aficionado exigente o al crítico de flamenco, y eso de alguna manera introduce una tensión… Y desde el punto de vista profesional las oportunidades surgen también en estos lugares, porque nunca se sabe quién está en la sala. Esto es lo que se producía de manera muy clara aquí, en Casa Patas», sentencia.

Además, esas conexiones tienen la virtud de atravesar todo tipo de fronteras: «El flamenco puede ser apreciado por su pegada emocional incluso por gente que no entiende las letras. Se habla mucho de su conexión con el jazz o el blues, pero no solo. Recuerdo una vez que vinieron aquí músicos kurdos de música tradicional y se produjo una conexión con los flamencos inmediata, con el agravante de que ninguno hablaba inglés. No había nada orquestado, sin embargo en pocos minutos estaban todos entendiéndose musicalmente. Las guitarras flamencas y una especie de mandolas iban encajando perfectamente. La música es un lenguaje que hermana, que no da pie a situaciones desagradables. Además los flamencos siempre han estado muy abiertos a incorporar sonidos e influencias, mira los cantes de ida y vuelta».

Martín Guerrero explicaba su punto de vista en unos días en los que el coronavirus todavía trastocaba todo. Antes de la pandemia gestionaba una plantilla de veintiséis trabajadores y trabajadoras en un proyecto que programaba alrededor de trescientas actuaciones al año. En el momento de la conversación, la suerte de Casa Patas ya estaba decidida; menos de un año después de la entrevista, el edificio se vendió, cerró completamente sus puertas y lo que allí ocurrió quedó para la historia. Entrevistado por la periodista Inmaculada Cobo para un artículo en *El Mundo,* Guerrero explicaba los motivos del cierre definitivo: «El camino de los ERTE nos llevaba a un proceso agónico de duración indeterminada que iba a terminar con un endeudamiento del que no íbamos a poder salir».[22] Los expedientes de regulación temporal de empleo fueron un mecanismo administrativo al que podían acogerse

22 I. Cobo, «La ruina del dueño de Casa Patas "por ser empresario": "Vendo el edificio. No lo intentaré más"», *El Mundo,* 19 de marzo de 2022.

empresas para suspender temporalmente la relación con los trabajadores durante el cierre por el coronavirus. La pandemia crujió a Casa Patas, que no pudo superar esa etapa de confinamiento y falta de ingresos, y cerró las puertas a la solera de sus escenarios, a sus ciclos, cursos, conferencias y a su excepcional gastronomía. Tampoco ninguna administración hizo nada por salvar un lugar tan importante para la cultura de nuestro país, una institución del flamenco que había recibido en 2009 el premio Enrique Maya de la Comunidad de Madrid por su «contribución al desarrollo y difusión del Arte Flamenco, así como por su labor continuada a favor de la integración del Pueblo Gitano».

Uno de los puntos fuertes de Casa Patas fue su programación, especialmente en la sala Federico García Lorca, con capacidad para cien personas y dedicada al cante. Un espacio donde brillaron los flamencos en un formato de cercanía con el público y sonido puro que comenzó a funcionar en noviembre de 2013 y que despertó el entusiasmo de la comunidad flamenca madrileña por su calidad. Del contenido y coordinación de la sala se encargaba Antonio Benamargo, malagueño de nacimiento que ya había sido el primer programador de Casa Patas entre 1988 y 1995, y que volcó en ese espacio de la tercera planta del edificio su buen hacer. Benamargo fue un asiduo del Candela desde los primeros tiempos, cuando «en Madrid había una efervescencia que no veas», dice con acento malagueño y dejes castizos. De excelente trato y con mirada fina ante la vida, Benamargo ejerce con conocimiento y saber hacer de director artístico en festivales y giras de renombre, es un conspirador nato a favor del reconocimiento del arte flamenco y su agenda de artistas es probablemente la más nutrida de toda la península. En la sala García Lorca de Casa Patas, muchas veces acompañado de su inseparable Toñi, Antonio Benamargo desplegó una hospitalidad y un reconocimiento exquisitos hacia el público y los artistas. De la misma quinta que Santiago Auserón, apunta él, Benamargo se enamoró de los Beatles cuando tenía doce años y una tía suya trajo un disco de la banda de Liverpool, a los que se sigue profesando devoción. En su familia sí había afición al cante, pero él vivió prácticamente de espaldas al flamenco hasta que en 1974, cuando ya vivía en Madrid, acudió a un festival que organizó El Loco de la Colina en el teatro Monumental en el que actuaba Terremoto de Jerez, cuya voz «negra» conectó con sus «héroes» musicales del momento: Wilson Pickett, Arthur Conley, Otis Redding o Ray Charles. «Me removió todo por dentro y me llevó a la música de mis raíces, empecé a cavilar, a comprar discos. En ese festival estaban también Paco de Lucía y José Menese, así que imagínate». Y añade: «Yo entonces me movía por Vallecas, por donde los Hijos del Agobio, más por el ambiente del rock y del reggae. En los Hijos del Agobio —nombre que tomaban del disco homónimo de Triana— también se escuchaba a Lole y Manuel, Manuel Gerena…, algo de rock flamenco… pero lo que le gustaba a la gente ahí era fundamentalmente el rock y el reggae».[23] En esos tiempos, Benamargo estuvo detrás de la organización de un festival de reggae en Vallecas que tuvo un notable éxito de público. Esos primeros contactos esporádicos con el flamenco en Madrid germinan definitivamente a partir de 1983: «Yo hasta entonces no estaba metido realmente en el flamenco, pero entré a hacer un programa de radio que llamé *Flamenco en la Luna* porque estaba en Radio Luna, que era una emisora libre de inspiración libertaria de

23 A. Niño, «La rebelión de aquellos hijos del agobio», *El País,* 20 de noviembre de 1995.

la gente de la CNT en Tirso de Molina. El programa coincidió con la apertura del Candela, por lo que empecé a invitar a los flamencos que lo frecuentaban para que cantaran e hicieran entrevistas». La idea, cuenta Benamargo, era que «entendieran que había una radio que hacía flamenco desde una óptica absolutamente irreverente». Además cubrió para la emisora el primer festival de la Cumbre Flamenca, «que entonces se hacía en el Alcalá Palace y con jornadas paralelas en el Ateneo de Madrid, una de ellas recuerdo que la moderaron Agustín García Calvo y Paco Almazán».[24] Los programadores de la Cumbre eran Paco Sánchez, Juan Verdú y Miguel Espín García, el marido de Carmen Linares, explica Benamargo. «Allí aprendí muchísimo, se adecentó la exposición al público, se subieron los cachés de los artistas y fue muy bueno porque se salía del concepto de las peñas y los tablaos. Decirlo es de ley: el ministro de Cultura, Javier Solana, fue nuestro auténtico ángel, fue extraordinario porque a partir de entonces el respeto y la categoría que se le dio al arte flamenco en Madrid no fue igual, se le abrieron las puertas a los teatros». En ese «mogollón» de grabaciones radiofónicas y actuaciones, la conexión con Miguel fue inmediata: «Él me dejó poner un cartel del programa en el Candela con mi nombre. Y al final por allí pasaron absolutamente todos, Cigala, Morente, Menese, hasta Paco…».

En ese ambiente de compadreo una figura ya destacaba por su poderío humano y artístico y por su vinculación con Miguel Aguilera: «Para Morente el Candela era su casa, su territorio, por allí aparecía continuamente y congeniamos muy pronto porque otra cosa que tenía el Candela es que a los que

24 A. Álvarez Caballero, «Francisco Almazán, escritor y flamencólogo», *El País*, 14 de febrero de 2004.

parábamos allí nos gustaba el flamenco, pero también teníamos oídos para otras músicas». Para Benamargo los primeros años tuvieron un punto de magia porque todo el mundo era consciente de que allí estaba pasando algo especial: «Y estaba pasando sobre todo por los artistas. Ahí estaban siempre los Habichuela, Carmen Linares, la gente de Ketama antes de que grabaran y dieran el pelotazo, estaba Ray Heredia, estaba José Soto "Sorderita", gente que venía de Jerez como Joaquín Grilo, Tomasito por supuesto, todos los gitanos del Rastro, Paquete, Dieguito antes de llamarse Cigala, Montoyita, Antonio Carbonell, Toni Zahira que era el mejor cantaor de esa generación, Miguel Carbonell, Agustín "El Bola", Gerardo Núñez, Rafael Riqueni, el Niño Jerónimo...». Cada poco, Benamargo acompaña las frases con el latiguillo «no veas», que reafirma la emoción del recuerdo. «Todos sacando música, una convivencia maravillosa, fue un centro de creación increíble. Todos protegidos por Miguel Candela, que sabía aguantarnos perfectamente, y también por la mano fantástica de Rosa, la primera camarera que hubo allí, que llevaba el timón de la barra del Candela con maestría». Aunque con el tiempo se convirtió en un lugar de peregrinación más masivo, lo cierto es que para él tenía una particularidad: «El Candela era como estar en casa y a la vez algo muy *underground.* No todos los artistas que pasaban por Madrid terminaban ahí, la mayoría sí, pero es verdad que era más para los que tenían un toque hippy, digamos que los *flamencos neoclásicos* iban a otros sitios», apunta con media sonrisa.

La experiencia de *Flamenco en la Luna* duró tres años. La radio la habían creado un grupo de personas vinculadas a la CNT de Banca, en la que entonces militaba el propio Benamargo. El alma del proyecto fue Luis Gallo Rodríguez, Luigi, empleado del Banco Hispanoamericano y sindicalista libertario muy unido al *rollo* musical que estaba aflorando en Madrid alrededor principalmente de lo que se llamó el «rock macarra». El 6 de junio de 1984 la emisora realizó una fiesta en la sala Rock-Ola, muy vinculada a la Movida madrileña, en la que actuaron las bandas de punk rock Últimos Pasajeros, PVP, Monaguillosh, V2 Berlín y Beirut La Noche. *Flamenco en la Luna* coincidió en el tiempo con la emisión de otro programa similar en otra radio libre madrileña: Radio Cero. Vinculada al movimiento anti-OTAN, tuvo entre los fundadores al periodista Javier Ortiz y fue una de las emisoras autogestionadas más punteras de esos años. En Radio Cero se emitía dos veces por semana un programa que presentaba el periodista Alfredo Grimaldos y que se llamaba *La hora del duende.*[25] Grimaldos comentaba la agenda flamenca, ponía la música que seleccionaba y a veces pinchaba grabaciones originales que hacía en conciertos. Además, colaboraba con la Peña Chaquetón, de la que era asiduo y con la que organizó alguna velada para recaudar fondos. Con una personalidad muy marcada, Alfredo Grimaldos fue un tipo con peso en el mundillo flamenco de esos años, publicó en numerosos medios de comunicación y fue parte de una generación muy especial de críticos de flamenco que tuvieron un hueco hoy impensable en la prensa generalista. Grimaldos falleció en diciembre de 2020. En el obituario del periódico *El Mundo,* donde trabajó durante muchos años, Manuel Llorente le definió como un «periodista insobornable y un sabio del flamenco», y añadió: «Alfredo Grimaldos fue un hombretón de convicciones firmes, de izquierdas, amante del boxeo y

25 Entrevista a Alfredo Grimaldos del 4 de marzo de 2011 recogida en J. E. Pérez Martínez, *La voz sin voz. El movimiento de radios libres entre la Transición y la época socialista (1976-1989),* Sílex, Madrid, 2022.

del Real Madrid (su nombre se lo pusieron por Di Stéfano). Alfredo era un tipo de charlar en la barra, de bar de barrio, de esos de serrín en el suelo, botellín sin vaso y patatas alioli de aperitivo. Y orujo. Y lo que se terciara, que una cosa llevaba a la otra, se empezaba por Camarón y se continuaba por la ORT [Organización Revolucionaria de los Trabajadores] y así hasta cuando tenía que ser».[26] Por su proximidad a la Peña Chaquetón y su fidelidad al mairenismo, Grimaldos no comulgaba con la deriva del Candela, ni mucho menos con su vena hippy o *underground.* En su libro *Historia social del flamenco,* con prólogo de su amigo José Manuel Caballero Bonald, dedica el epílogo a hacer una radiografía de la historia del flamenco durante las últimas tres décadas y de su seguimiento a través de los medios de comunicación en Madrid. El texto es muy ilustrativo de su punto de vista, de su rigor como periodista y de sus sentimientos hacia el flamenco, también de sus objeciones con el llamado «nuevo flamenco» o «flamenco joven». En el epílogo aparecen también mencionados todos los periodistas que durante la década de los ochenta cubrieron flamenco para los medios de comunicación, cita a buena parte de los artistas instalados en la ciudad, los festivales, peñas y locales de Madrid del momento. Salen mencionados todos, también Casa Patas o el colegio mayor San Juan Evangelista, todos menos uno: el Candela. A pesar de la amistad que tuvo con Grimaldos, Antonio Benamargo confiesa sus divergencias con él. Para el malagueño una de las cosas que aportó Madrid al flamenco fue esa mirada irreverente, esa voluntad de mezcla, de encuentro y también —apunta— de profesionalización. Un

26 M. Llorente, «Muere Alfredo Grimaldos, un periodista por derecho», *El Mundo,* 4 de diciembre de 2020.

debate sobre «purismo» que, cree Benamargo, está sustentado por una idea de «Arcadia feliz» poco realista y que no favorece el desarrollo del arte. «Muchas veces pienso: ¿qué haría un *bluesman* de Nueva Orleans o Chicago si le hablan del purismo y está en la gloria tumbado en una hamaca? Pues pensaría que es una pérdida de tiempo increíble», dice con guasa.

En ese cruce de afectuosas divergencias, no tiene dudas del papel central de los dos locales de Lavapiés para el flamenco madrileño del momento: «La combinación entre el Patas y el Candela fue fantástica, era un tiempo muy bueno porque no había redes ni había *na,* tú ponías el cartel de un concierto o de lo que fuera en el Candela y se enteraba todo el mundo. Es verdad que se hacían también los previos para la prensa y salían algunos conciertos anunciados en los suplementos de Madrid. Estaba gente como Manuel Ríos Ruiz en *ABC,* Joaquín Albaicín, José Manuel Gamboa y Pedro Calvo, que estaban en la radio y escribían en *Diario 16* o *El País,* también en *El País* Ángel Álvarez Caballero, Grimaldos que estuvo en *Liberación* y *El Mundo*... Todos ellos se volcaron mucho con Casa Patas. La interacción era total y ya cuando cerraba el Patas, a la una y media o así, quedábamos todos en el Candela».[27] De ese trasiego entre un local y otro podía surgir la magia: «A veces se repitió algún concierto y hasta se mejoró, como ocurrió con El Torta o con Agujetas. Con lo cual fenomenal para todos, un día alguien acuñó el lema "El Patas me mata, el Candela me remata"», cuenta entre risas. Recuerda en especial una noche con Juan Moreno El Torta: «Yo quería traer a la gente de Jerez, así que llamé a un bar de

27 M. Carrasco, «Fallece el poeta y crítico flamenco, Manuel Ríos Ruiz», *El Mundo,* 3 de octubre de 2018.

allí a través del marido de La Tati, porque en aquel tiempo la gente no tenía teléfonos en casa, era más fácil pillarles por el teléfono de su bar. Y nada, llamé y pregunté: "¿Está por ahí Juan Moneo?". Y me dicen: "Sí, por ahí está". Y oigo un grito *pelao:* "¡Juan, ponte!". Se pone y le digo: "vente para acá a Casa Patas"; y me dice que sí, que *encantao.* Total, que muy amable pero yo veía que terminábamos de hablar y en realidad no había *tratao na.* Igual con el Capullo, todos muy amables, pero al final era una conversación al teléfono de un bar y *na* más». Lo cuenta con tacto y gracia, deleitándose en el recuerdo de un tiempo en el que las contrataciones se hacían por teléfono fijo y en base a la confianza, pero siempre con el canguelo de la incertidumbre. «Total, que me dije eso de "si no puedes con tu enemigo, únete a él". Así que lo que hicimos fue hablar con El Parranda, que era uno que andaba para estos asuntos, para que alquilase un pedazo de coche, fuese a Jerez y se los trajese a todos, para estar aquí actuando jueves, viernes y sábado». La selección del pasaje era de enjundia, un cuadro con lo mejor: «Tenía que traerse al Torta, al Capullo, a Fernando de la Morena, a Luis de la Pica y luego a Tomasito y Manolito Parrilla que estaban aquí en Madrid. Se fue El Parranda, se le dio un dinero para el viaje y sus cosas y aquí vinieron con todo». El resultado, por lo que cuenta, estuvo a la altura. «Imagínate, hicieron sus actuaciones y después al Candela. Con los avatares que eso supone, porque uno igual te cogía mejor en el Patas, pero después en el Candela estaba más flojo. O al revés, uno que no daba pie con bola en el Patas en el Candela tenía una noche de escándalo». El Torta tuvo una noche inolvidable en el Candela: «ese hombre estuvo ahí cantando bulerías *pa* escuchar como una hora, que no se me olvidará en la vida», explica emocionado antes de añadir un «no veas» a modo de punto y aparte.

Eso fue en 1988 o 1989. Diez años después, desde su espacio en *El País,* Ángel Álvarez Caballero se refería así al Torta en la previa de otra actuación en Casa Patas: «Pertenece a una de las familias que integran el que podría ser considerado *gotha* del flamenco; es decir, las familias gitanas a quienes se consideran pioneras fundacionales de este arte. [...] Las bulerías son uno de sus palos favoritos y en ellas demuestra con frecuencia magisterio y jondura. En Madrid es siempre recibido con expectación, pues los buenos aficionados aprecian grandemente su cante ensolerado».[28]

Ese ciclo dedicado a Jerez fue en los primeros tiempos de Benamargo como programador en Casa Patas, cuando Danielle Eilkin, una autoridad en arte contemporáneo y gran aficionada al cante jondo, confió en que fuera él quien abriera el Patas para escuchar flamenco en Madrid. Su única experiencia anterior consistía en haber ayudado en 1985 en la fundación de la Peña Flamenca Luis Marín en Vallecas, donde aprendió «lo que no había que hacer», así que construyó su propio estilo: «Yo era crítico con esa tendencia a que el escenario lo pisara cualquiera, yo quería que el escenario fuera sagrado, que no más que subiera allí el artista, que era el que mandaba, con todo lo que eso tiene, como apagar la luz del público y que solo destaque el artista».[29] Su fórmula era construir una atmósfera que estuviera a medio camino entre un café cantante y un teatro. «La cercanía de un café cantante y la categoría de un teatro, sin necesariamente la distancia que impone un escenario. Para mí eso es el ideal. Y tampoco hacer las cosas con muchos artistas, sino ir más

28 A. Álvarez Caballero, «El Torta canta en la Peña Duende y en Casa Patas», *El País,* 5 de marzo de 1999.

29 Luis Marín fue un cantaor nacido en Ronda en 1948, asesinado en Madrid por miembros del grupo ultraderechista Guerrilleros de Cristo Rey en 1977.

bien a actuaciones de un cantaor con un tocaor». En la última etapa de Benamargo como programador en Casa Patas, desde 2013 hasta el cierre por la pandemia, en la sala García Lorca abundó este formato. «En Patas lo que yo quería era hacer un público básicamente *aficionao* al cante, esa ha sido siempre mi idea». Una creencia que sostiene incluso cuando programa baile, siempre poniendo el énfasis en el cante: «Si yo programaba al baile a Juan Ramírez o Antonio Canales, les preguntaba con quién querían venir acompañaos, les decía que eligieran dos al cante y dos a la guitarra. Por ejemplo, Juan Ramírez me decía: "Pues con El Cigala y El Guadiana al cante", y de guitarra igual me decía: "Con Montoyita y José Jiménez, El Viejín"». El espectáculo, explica, se hacía de la siguiente manera: «Yo salía para callar al público y poner a la gente en su sitio, en absoluto silencio y respeto. Empezaban por ejemplo Cigala y Montoyita. Como no había microfonía se echaban adelante, les dejaba dos temas, dos cantes, sin palmas, soleás, tarantos, lo que sea. Al público le estaba dando cante, no le estaba dando baile desde el principio. Cuando terminaban, salía el otro cantaor y el otro tocaor y con ellos empezaba el baile. Juan Ramírez o Antonio Canales, no más de veinte minutos. Se terminaba y descanso. Entonces había una persona pinchando música, que era mi hermano Paco, el primer DJ flamenco. Él ponía música de acuerdo con lo que había cada noche, pinchando a pulso, con criterio, nunca poniendo un LP entero o de los que actuaban. Después, en la segunda parte, el otro cantaor salía con el otro guitarrista, hacía dos cantes también. De nuevo volvía el bailaor, que terminaba siempre. Cuando finalizaba, fin de fiesta por bulerías con todo en el escenario». Benamargo marca un diferencia sustancial entre su propuesta y la de otros espacios más enfocados al turismo, donde la energía del baile es más llamativa:

«En un tablao todo es más comercial, el baile manda porque entra muy bien por los ojos, pero yo lo que quiero es que el público entre y se mantenga por el cante». Y además, añade, «los bailaores buenos bailan el cante». Benamargo, de percha flamenca, gestos marcados, genuina sabiduría y sagaz sonrisa, finaliza su discurso con una afirmación de estilo: «En el espectáculo yo siempre de pie, a un *lao,* atento. Si en alguna mesa sonaban palmas, me acercaba y les decía: "Palmas de Mallorca", y entendían rápido. Fui haciendo así, por mí mismo, no tenía ningún libro donde estudiar eso ni *na*». Y tras una suave carcajada, remata: «Figúrate tú, no veas».

A Benamargo le gusta destacar varios momentos de su trayectoria flamenca. El primero es la etapa en la que fue mánager de Enrique Morente, entre 1991 y 1995. De esa colaboración surgió el disco *Negra, si tú supieras,* un trabajo que cree que «todavía está por descubrir» y que editó la compañía discográfica Nuevos Medios. De ese periodo, su reflexión es ambivalente: «Fue una etapa buenísima, había mucha conexión con Enrique, pero yo creo que valgo más para programar que para trabajar como representante. El trabajo de mánager es muy respetable y necesario, hacen falta personas que apoyen las carreras de los artistas y no sean simples comisionistas. Hay que valer. Pero lo mío es otra cosa». El segundo recuerdo importante es una noche con El Chocolate, tremendo personaje de la historia del cante. «Justo antes de salir al escenario me dice: "Antonio, yo entiendo el mundo de hoy, te pagan con cheque, el mundo moderno, yo entiendo, pero que tengas en cuenta que si tú a mí me pagas en metálico y yo me meto el dinero en el bolsillo antes de salir a cantar yo canto mejor por soleá, pero vamos, mucho mejor, de aquí a Lima"», cuenta entre risas. El tercero es un compendio de buenas historias junto a Chano Lobato, al que considera «como de la familia» y a quien programó en numerosas ocasiones.

La conversación con Antonio Benamargo se produce en la primavera de 2022 en las bodegas Alfaro, la única de las tres patas del triángulo hostelero relacionado con el flamenco que sobrevive en la zona. Finiquitados el Candela y Casa Patas, las Alfaro en la calle Ave María esquina con la calle Olmo mantienen una presencia flamenca que ha ido menguando a lo largo de los años. El madrileño Ángel Rodríguez, más conocido como Ángel Morrillo o Angelito Alfaro, fue su propietario durante veinticinco años y ahora es el jerezano Manuel Luis quien dirige el negocio. Nacido en la vecina zona de Huertas, Ángel, con patillas canas bien afeitadas, tiene un porte elegante que cabalga entre la estética del rock y las hechuras del flamenco. Un caballero que llevó con maestría una barra en un barrio que no siempre fue fácil: «El cine Olimpia de la plaza de Lavapiés tenía fama de chungo cuando yo era un chaval, había por la zona mucha golfería, pero ya de joven de tanto venir me fui dando cuenta de que este era mi territorio. Yo era tabernario por herencia paterna y aquí estaban algunas de las mejores de Madrid». Ese territorio se incorporó a su vida a mediados de los setenta: «Tenía como obligación ir al cine San Carlos en Atocha a la sesión doble y luego siempre hacíamos los colegas una tertulia en algún bar de Lavapiés: el Dimo, el Viuda de Fole en Santa Isabel o las bodegas Máximo que ya estaban en el recorrido, con su ensaladilla rusa y su famoso camarero "El Feo"». Y prosigue: «pero ya entonces las bodegas Alfaro eran un punto fijo de parada, no eran tanto flamencas como taurinas. Manolo, el dueño, era un tipo con el que nos llevábamos muy bien. En esa época yo no estaba todavía en el flamenco, aunque igual íbamos a algún concierto de Manuel Gerena, pero como podíamos ir a uno de Jorge Cafrune, más por el rollo político». Ángel habla sin levantar la voz, con buena dicción y armonía, escucharle es un placer, su historia de amor con el flamenco tiene un recorrido progresivo. «Creo que el flamenco, al menos para los payos, es un proceso. Yo al principio era aficionado a la literatura marginal y bueno, hay una música asociada a ese mundo que puede ser el flamenco, por lo que me interesé por Camarón, Menese, Morente... Pero no es hasta principios de los noventa que empiezo a frecuentar Jerez, Cádiz y sobre todo Zahara de los Atunes, donde conozco a una familia flamenca y ya es ahí que flipo y entro a saco. Para mí Zahara era, porque ha cambiado mucho, como una islita de Cádiz. Gracias a Antonio Heredia "El Golfo", su hermano Jualili, su prima Lola la de Bolonia y toda su familia descubrí a Juanito Villar, a Panseco, a La Perla... Y esa forma de vivir el flamenco que tienen allí, con una capacidad de trasmisión que te mueve todo por dentro, me dejó totalmente enganchado. Es ahí, en 1992, donde me caigo del caballo y entonces a la vuelta a Madrid entro en la Peña Chaquetón entusiasmado». Y añade como cerrando el recorrido: «Cuando pillamos la taberna, toda esa gente de Jerez y de Cádiz, esos colegas, empiezan a venir con frecuencia y ya se crea un vínculo muy fuerte».

En 1996, un año antes de jubilarse, Manolo Alfaro anuncia que «se retira» porque quería salir del local «como los toreros». Varios clientes deciden hacerse con el negocio. Primero forman un grupo de doce que lo quieren gestionar colectivamente, luego se quedan en cuatro y finalmente en tres: Paco, Miguel y Ángel. El primero duró poco, el segundo se jubiló en 2014 y Ángel estuvo al pie del cañón detrás de la barra desde 1997 hasta 2022. Ahora es Manué el que ha tomado el relevo después de veinte años trabajando de camarero. Las Alfaro también tuvieron tardes gloriosas. «La lista de artistas que se han soltado a cantar en las Alfaro es larga, a veces en formato tablao como cuando estuvo El Torta, Antonio Agujetas, Diego Rubichi o Mijita hijo, pero también hubo cantes de barra como cuando estuvo Mijita padre, que nos dio una noche impresionante, y a puerta cerrada han estado grandes como El Capullo, Fernando de la Morena, El Zambo... —cuenta Ángel con orgullo—. Todo el Jerez que nos gusta ha pasado por aquí. En los últimos años estuvo viniendo más gente del carnaval de Cádiz, y las bodegas han colaborado con alguna chirigota callejera», añade. La conexión llegó hasta tal punto que con el tiempo las Alfaro fueron definidas por un cliente gaditano, el Lolo, como «el Consulado de Cádiz en Lavapiés».

La entrevista con Ángel Morrillo es el 27 de marzo de 2023, en una mesa redonda de mármol que da a la calle a través de una puerta acristalada. Las bodegas son una obra de arte en sí misma. El artesonado y los ventiladores del techo son hipnóticos, hay estanterías de mármol y anaqueles de cristal con espejos, las baldas glosan botellas añejas y su centenaria barra de aleación de zinc, estaño y otros materiales es espectacular. La profusión de retratos y carteles recuerda buenos tiempos flamencos y personajes increíbles, hay fotografías de grandes maestros y afiches de grandes veladas. Las cañas se tiran con precisión, el vermouth no falla y sus tapas y raciones tienen fama merecida. Encima de la taberna, en la calle Olmo, una placa recuerda que allí «vivió y aprendió baile con el que fue admiración del mundo y gloria de España» Antonia Mercé y Luque «La Argentina». En la mesa donde estamos se van sumando tertulianos: la cantante de boleros Piluka Aranguren, el músico Ambrus Horváth «Chúngaro», Javier Guerra, dueño de la sala El Juglar, y el veterano fotógrafo taurino y flamenco Antonio Novillo. En el intercambio de recuerdos se mencionan actuaciones de Agujetas, El Capullo y El Torta en El Juglar. También cruzan el aire recuerdos de otros músicos estadounidenses que dejaron huella en el barrio como Jerry Gonzalez, Malik Yakoub, El Pollito de California o el mítico David Serva Jones.[30]

En esa relación de *personajes canallas* que tuvo Lavapiés, surgen nombres de clientes *inolvidables* de las bodegas Alfaro. Uno es Gonzalo Torrente Malvido, también conocido como «Torrente Malavida», segundo de los once hijos del pulcro escritor Gonzalo Torrente Ballester, que fue *secretario* y amigo fiel de Camarón durante siete años y autor de esa literatura marginal que mencionaba Ángel Morrillo entre sus primeras influencias *aflamencadas.* En concreto, Ángel recuerda uno de sus libros, *Sonata en muerte menor,* como una de sus referencias de «esa literatura taleguera que me encantaba cuando empecé a parar por Lavapiés». Torrente Malvido nació en Ferrol, fue finalista del Premio Nadal en 1961 con la novela *Hombres varados* y fue autor del guion de la película *El rey pasmado,* que logró en 1991 ocho premios Goya, entre ellos el de mejor guion adaptado. Asiduo del Bukowski, mítico bar de poesía en Malasaña, estuvo durante el franquismo en la cárcel de Carabanchel por falsificador, tras una estafa que realizó junto a la actriz Verónica Luján, y en los últimos años de su vida dormía a la intemperie en un banco del paseo del Prado. Antonio Novillo lleva en su móvil una impresionante foto de Gonzalo Torrente Malvido que le hizo en el Café Central tres meses antes de morir y en la que cada surco de la cara parece un mundo. Ángel recuerda cómo a veces, cuando abría al mediodía, el hijo de

30 Familia y amigos de David Serva Jones, «Remembering flamenco guitarist David Serva Jones, "America's greatest least known musician"», *Berkeleyside,* 23 de diciembre de 2022.

uno de los grandes nombres de la literatura española iba para echarse un sueño sentado en un rincón del local. Le rememora desde el cariño: «A pesar de dormir entre cartones vestía siempre elegante» y, continúa, «dejaba pufos en todos los locales, incluido este. Cuando murió su padre, Torrente Ballester, heredó algo y fue de bar en bar pagando lo que debía, también invitando a rondas. Un tiempo después me lo encontré por la calle y le pregunté: "Gonzalo, ¿cómo vas?"». Respondió con una expresión que Ángel recuerda con gracia: «¡Empiezo a tocar calderilla!». Ángel cuenta entre risas cómo otras veces preguntaba a los clientes si alguien quería tabaco porque iba a ir a comprar y «el cabrón no regresaba y se llevaba el dinero que había recaudado de la clientela». El fotógrafo Antonio Novillo también recuerda habérselo cruzado en una ocasión acompañado de una mujer, henchido por haber ligado; al acercarse, Malvido le dijo por lo bajini: «Disculpa, Novillo, no me río para que la gachí no vea que no tengo dientes». Torrente Malavida, uno de los últimos juerguistas bohemios, de pluma afilada y con mucha mochila a sus espaldas, protagonizó polémicas literarias con Francisco Umbral y Arturo Pérez Reverte, robó cuberterías de plata en hogares de postín a los que era invitado, transitó la cárcel en los años duros y alimentó una amistad única con Camarón de la Isla. Sus hijos, tras la incineración de sus restos en el cementerio de la Almudena en diciembre de 2011, se juntaron para recordar la figura de su padre en las bodegas Alfaro. El escueto obituario que publicó *La Voz de Galicia* en 2011 finalizaba con una frase que definía bien al personaje: «La noche lo atraía más que el papel y la pluma. La suerte que merecía le faltó hasta la muerte».[31]

31 R. Loureiro, «Las letras y la bohemia pierden a Gonzalo Torrente Malvido», *La Voz de Galicia,* 28 de diciembre de 2011.

Ángel Alfaro y Antonio Novillo se refieren a él como uno de los últimos *pillos* que rememoran de un Madrid muy distinto al actual. También recuerdan a otros clientes y personajes del vecindario que marcaron época. Por ejemplo, a John Lane, un californiano que entró en España por Girona tras haber viajado en autoestop por Europa, y que atravesó el país en bicicleta hasta llegar al barrio granadino del Sacromonte, donde se instaló. Allí, cuenta la leyenda, llegó con la piel pelada y los pies destrozados. Las gitanas del Sacromonte lo cuidaron y mimaron, le enseñaron incluso a hablar caló. Vivió muchos años en Andalucía, se bautizó primero con el nombre artístico de Pollito de Granada y a partir de ahí se fue introduciendo en el flamenco y sus derivados hasta convertirse en El Pollito de California. Juerguista habitual, grabó varios discos, trató con todos los grandes artistas, se hizo un personaje público y entró en las televisiones en los primeros años de los programas de entretenimiento en *prime time.* Durante varios años también vivió en Lavapiés y frecuentó las Alfaro y el Candela. Incluso actuó en una ocasión en Casa Patas —tras insistirle a Benamargo para que le programase— acompañado a las palmas por la gente de Ketama, La Barbería del Sur y Miguel Aguilera, en una noche delirante en la que Pollito terminó, como otras veces, en el Candela tocando la guitarra borracho y desnudo de calcetines para arriba. Antonio Novillo recuerda que, cuando celebró su quincuagésimo cumpleaños en las bodegas Alfaro, entre los invitados estaba el célebre cantautor ácrata Chicho Sánchez Ferlosio, muy amigo suyo. Entre la parroquia de la taberna estaba también Pollito de California con su guitarra. Cuando al peculiar guitarrista estadounidense le presentaron al cantautor que había inspirado a artistas como Joaquín Sabina o Javier Krahe, el Pollito exclamó: «¡Coño, Chicho el de Los Chichos!».[32] La carcajada en la mesa compartida fue monumental. El cruce de anécdotas y recuerdos de un tiempo añejo vuelve a aterrizar muchas cañas después en el punto de partida: el cierre de Casa Patas y la desaparición del Candela. Antonio Novillo habla maravillas del padre de Martín Guerrero, al que trató, y muestra su desolación por la forma en la que cerró el local: «A Martín le jodieron vivo. Una persona excelente, generoso siempre, eso fue terrible, no se lo merecía. Era un lugar increíble».

En la sala vacía de Casa Patas, el que fuera dueño del centro más majestuoso que ha tenido el flamenco de Madrid apuntaba lo que para él significó entrar en ese mundo. «Viví en mis propias carnes una primera experiencia iniciática con el flamenco muy fuerte. Fue aquí —contaba con emoción contenida—, recuerdo cómo de mi garganta salía algo parecido a un olé, una cosa gutural muy primaria, que me pareció que no lo decía yo. Esa palabra, espontáneamente, me la arrancó un bailaor, Alejandro Granados, y cuando sentí que el baile flamenco podía tener ese efecto sobre mí, me impresionó. Luego he leído mucho sobre las catarsis emocionales que puede tener el flamenco y he vivido muchas más, pero esa primera me marcó. Recuerdo también a la hija de Manolo Caracol cantando por seguiriyas, que fue

32 En un obituario tras la muerte de su amigo Chicho Sánchez Ferlosio, Javier Krahe escribió: «Amante de los gatos y de los números primos, de la Biblia y del ordenador, de los estimulantes psíquicos y de la bicicleta, generoso, terco y porfiador, Chicho a veces cantaba. En español, en italiano, en latín o en griego. La canción fue una de las acompañantes de su vida, pero no le daba excesiva importancia. Los que lo escuchábamos cantar con frecuencia sabíamos de sus momentos *jondos* en los que su voz nos tocaba fuerte el corazón». J. Krahe, «Un luchador contra el todo», *El País,* 3 de julio de 2003.

la primera vez que lloré sin esperarlo. Es en ese sentido que yo digo que el flamenco es un arte con todas las letras mayúsculas, gracias a esa conexión con las personas. He tenido la suerte de disfrutar muchísimas noches de flamenco, un bombardeo de meteoritos emocionales. Así lo he vivido yo».

De la tristeza por el cierre de Casa Patas a la noticia de la desaparición del Candela. Ángel Morrillo reconoce que no volvió tras la muerte de Miguel Aguilera, cuando dejó de pasar lo «inesperado» y se convirtió en un lugar sin la «esencia» que había tenido antes. Esa esencia era intrínseca a Miguel, a las historias que podían ocurrir allí cualquier noche, a la mezcla en la parte de arriba de flamencos con okupas, migrantes africanos, gitanos del barrio o *famosos* sin reconocimientos públicos. También al prestigio de la cueva, objeto de deseo de mucha de la parroquia que pululaba por allí. Lo explicaba Antonio Benamargo: «La gente se mataba por bajar a la cueva, porque todos los buenos iban para allá y todo el mundo quería entrar ahí. Muchas noches había una buena liada porque todos querían estar en esa fiesta, pero Miguel tenía la llave, él decía si pasabas o no». Además, no era condescendiente con los poderosos. «Miguel, si tenía que darle un toque a alguien porque metía la gamba, se lo daba y lo sacaba de la cueva. Y se lo dio a más de un famoso, recuerdo a uno muy conocido por no parar de hablar mientras había una actuación o a otro que daba mal las palmas. Miguel manejaba ahí todo el cotarro». Para Benamargo, otra característica indisociable de Miguel es que era un gran aficionado: «No sé qué flamencólogo dijo "andaluz es una forma de ser y flamenco una forma de estar". No sé si esto es científico, pero es curioso. Para mí Miguel era eso, una forma de estar. No sé qué problema tendría con la Peña Chaquetón, no me meto, a Pablo Tortosa yo lo quiero mucho, pero lo que hizo allí Miguelito Candela fue muy importante. Especialmente para los guitarristas flamencos, porque el Candela fue fundamentalmente un sitio de guitarra. Y luego, claro, el lugar de Enrique». Antonio Benamargo pide una ración de mojama de Barbate en las bodegas Alfaro y hace un gesto para que vayamos apagando la grabadora, pero antes quiere añadir algo sobre esa primera etapa ochentera: «La gente del rock iba a La Vía Láctea, al Rock-Ola, a los garitos de Malasaña; pues para los flamencos eso era el Candela de Lavapiés. Allí nos podíamos expresar libremente y el primero que era nuestro colega era Miguel. Entonces estábamos en la gloria bendita», suspira antes de añadir como punto final, mirando a los ojos: «Pero ya lo decía él cuando quería echar al personal del bar: "*Na* es eterno señores, ha sido muy bonito, háganse a la idea..."».

REPÚBLICA DE MINUESA

Antonia Jiménez llegó a Madrid en enero de 1993 con su guitarra a cuestas y poco más. Se había marchado de su casa en el Puerto de Santa María con dieciocho años y había estado brevemente en Oslo y Barcelona buscándose la vida. Esos viajes eran una apuesta vital de incierto recorrido. Atrás dejaba un mundo y se introducía en otro casi con lo puesto. «Me vine a Madrid y tocaba en el metro de Diego de León, en la línea 4. Iba a los bares a pasarlo bien y no tenía dónde dormir, conocía a gente que se enrollaba y me dejaba quedarme en su casa y así andaba. Un día en La Lupe conocí al Kurdo. Él me dijo que estaban okupando en un sitio que se llamaba Minuesa, que me podía quedar en su casa, y estuve allí viviendo unos cuantos meses». La Lupe estaba en la calle Torrecilla del Leal número 12, en Lavapiés, un bar que marcó a una generación de jóvenes en busca de un espacio propio alejado del foco que entonces tenían barrios como Malasaña y Chueca, antes de que esas zonas se convirtieran en epicentro de la gentrificación. El garito tenía cuatro socias: Silvia Palacio, Jaime Tamarit, Olga Abasolo y Juan Manuel Hurtado Rincón, más conocida como La Josephine. Antonia conoció a La Josephine en casa de su amiga Terry y se convirtió en clienta habitual del local. La Lupe abrió en 1992 y cerró en 1996. Una de aquellas socias era Olga Abasolo: «Pusimos un cartel que había redactado el colectivo La Radical Gay en el que se leía "en este local no se permiten conductas machistas ni homófobas". Pronto se convirtió en un lugar de encuentro para gentes politizadas, inmigrantes, activistas del movimiento LGTBIQ+, okupas, militantes de extrema izquierda, feministas... Un público diverso que se cruzaba y entrecruzaba a ritmo de buena música y de espectáculos de cabaret». Lo cuenta con una sonrisa de medio lado que delata buenos recuerdos y noches inolvidables. «Se respiraba libertad, diversión y risas. En Madrid no existía un bar así, contribuyó a una apertura de miras colectiva y generacional. Marcó una época para muchas de nosotras». Jaime Tamarit hacía pareja con Orlando Ortega en un espectáculo de cabaret llamado Los Ailovius, donde revisitaban entre otras la música de La Lupe acentuando la ambigüedad de sus letras. Otro dúo habitual fueron Susie y Charlene, Las Chas, con las actrices y *performers* Sonia Barba y Carmita Morales, que hacían cabaret y vodevil feminista con unas pelucas gigantescas y actuaban tocando batería y piano. Sonia Barba, en una entrevista, señalaba sobre ese tiempo: «Era divertidísimo, era en el año 92, 93..., cuando Madrid era otra cosa y estaban todos los movimientos de la Radical Gay, LSD (Lesbianas Sin Dueño), era cuando todo surgió, los movimientos que ahora se han hecho más grandes».[33] Varias veces actuaron con El Pollito de California como telonero, otro de los personajes que paraba y actuaba con frecuencia por allí.

33 I. Llanos, «Sonia Barba, inspiración desde el cabaret poético», *Masticadoresfem,* 19 de junio de 2021.

Resuelto el problema de la vivienda y con colegas en el barrio, Antonia Jiménez empezó a moverse por el mundillo flamenco de la zona. «Empecé a frecuentar la escuela de Amor de Dios, cuando todavía estaba en la misma calle Amor de Dios. El edificio se caía a cachos, subías los escalones y se partían. Me metí en casi todas las clases para ver qué se hacía, pero la verdad es que La Tati es la que mejor me acogió, estaba tocando con ella Carlos Pucherete y en seguida me dijeron "ven cuando quieras". Yo era muy tímida, de hecho iba allí a las clases de La Tati nada más, porque en ese tiempo era la única tía con una guitarra. Como fue tan abierta, tan *enrollá,* y el Carlos igual, pues me encontraba súper bien con ellos». Lo cuenta enfática, insistiendo en la generosidad que tuvo desde el primer instante la bailaora del Rastro. «Al poco tiempo ya tocaba algunas veces en sus clases, ella tenía un montón de alumnas. Esa época se me ha *quedao* para la historia de mi vida. No sé si La Tati lo recuerda como yo, pero con ella me sentía muy bien acogida». Antonia rememora cómo le sorprendió el ambiente flamenco del barrio. «Yo alucinaba con la tradición flamenca de Lavapiés, me juntaba con mis colegas y nos íbamos a estudiar a la plaza de Cabestreros, a la plaza de Lavapiés, o por ahí, siempre con las guitarras, notabas que era súper normal, porque en nuestras casas no teníamos sitios o dormíamos en el sofá de alguien. Se notaba que había más tradición flamenca que ahora, era algo que se respiraba en las calles. En ese tiempo yo no me movía de aquí».

Lo explica mientras hablamos en bodegas Lo Máximo a principios de septiembre de 2023. Es la hora del café y en la calle hace un calor asfixiante más propio de agosto. El local está en la calle San Carlos de Lavapiés. En 2019 un fondo de inversión británico compró la finca y fueron desalojando los pisos de alquiler asequible y renta antigua que había en el edificio. Un proceso de expulsión que ha arrasado en los últimos cinco años el barrio debido a la compra de inmuebles por parte de fondos buitres y grandes tenedores para transformarlos en viviendas de uso turístico, hostales y alojamientos para «nómadas digitales». Los precios se han disparado en los últimos años, los desahucios también. Las bodegas se salvaron en el último momento: llegaron a un acuerdo con la nueva propiedad.[34] Antonia escucha la historia reciente de las bodegas y se lanza a contar la suya desde el principio. «Mi padre era flamenco, pero nunca me lo transmitió a mí, a lo mejor si yo hubiera sido un chico sí me lo hubiera transmitido. Él odiaba a Camarón, le gustaban Juan Breva y Juanito Valderrama. Le parecía que Camarón daba gritos y que era un drogadicto —cuenta con expresión taciturna—. Pero tuve la suerte de nacer en un contexto flamenco, en mi barriada convivíamos payos y gitanos». Se refiere a la barriada de Los Milagros en El Puerto de Santa María, provincia de Cádiz. «Dice mi madre que un día me llevó a la feria en brazos y vi una guitarra en la tómbola, me agarré a la guitarra y me la tuvo que comprar porque no había forma de que la soltara. Yo ya había escuchado la guitarra y lo tenía claro. A partir de ese día he *estudiao* sobre todo al estilo tradicional: en parques conociendo gente».

Antonia Jiménez nació en 1972. Después de ese primer flechazo con la guitarra asistió de niña a clases en la academia de Antonio Villar, de la que cuenta que «lo mejor es que me introdujo en el acompañamiento al baile». De gesto serio de primeras, en dos palabras le aflora la sonrisa y el brillo en la mirada. Le gusta hablar de flamenco. «En la época que

34 S. C. Fanjul, «Lo máximo peligra», *El País,* 16 de abril de 2019.

yo empecé, mis influencias fueron guitarristas como Moraíto o Tomatito y toda la gente del Puerto». La conversación se detiene ahí por el volumen de la música en el bar. De las bodegas Lo Máximo nos tenemos que trasladar a otro lugar porque es el último día de una camarera que lleva muchos años trabajando allí y ha decidido poner a gran potencia un disco del grupo punk Eskorbuto en su último día de faena. No es lo habitual, en Lo Máximo suele sonar música latina añeja, clásicos de la canción italiana, soul y música negra. Hace años en Lo Máximo los miércoles había actuaciones en directo de Piluka Aranguren y Los Internacionales del Bolero con notable éxito de público y crítica, hasta que la policía amenazó con multarles si no cesaban la actividad. Isabella, la camarera, quiere punk y tiene su derecho. «El flamenco, como el jazz, viene de la tierra y de ahí no va a un escenario iluminado, sino a las casas», dice Antonia entre risas para apoyar la opción de trasladarnos un grupo a un piso cercano, con cervezas compradas en una tienda de alimentación.

En el salón de la casa adonde nos trasladamos hay un cartel de una noche flamenca en el centro social okupado Minuesa. El concierto es del 14 de agosto de 1993 y anuncia la actuación de Dieguito y David Jiménez al cante, con Antón Jiménez y Jesús Jiménez a la guitarra. Dieguito sería conocido más tarde como El Cigala, y Jesús Jiménez como Jesús de Rosario. El lema del evento dice «no al desalojo de las casas ocupadas». El póster anuncia uno de los tres conciertos flamencos que se celebraron en aquel centro okupado de la ronda de Toledo 24, muy cerca del antiguo Campo del Gas, en los que se mezclaron los flamencos del Rastro con el llamado «Sonido Caño Roto» de Carabanchel. «Minuesa fue la primera *kasa okupada* en la que estuve. Lo que más me marcó, lo que más aprendí de aquello, fue la autogestión.

La capacidad de organización y de gestionar un espacio por todo el mundo, me flipaba eso. Yo lo viví muy en la superficie porque no dejaba de ser una invitada, pero me acogieron muy bien. Luego mi historia siguió y sí he tenido momentos en los que he sido protagonista de vivir esa experiencia, pero aquella fue la primera y yo flipaba con la gente que había allí, porque el nivel de implicación era muy alto». Para Antonia, además, fue todo un descubrimiento musical. «Yo acababa prácticamente de llegar a Madrid y no tenía conciencia de la existencia de la escuela de Caño Roto. Cuando en uno de los conciertos de Minuesa vi tocar al Entri, me quedé loca. Era algo virtuoso, un flamenco étnico, que nace y crece en las casas». Con esa idea se explaya después de dar un sorbo a su cerveza. «El flamenco se aprende en las casas y eso lo veo muy claramente aquí en Madrid. En Andalucía el flamenco está en todas partes, aquí está en unos núcleos muy concentrados, muy reducidos. Y en Caño Roto es bestial el virtuosismo de la guitarra, es flipante cuando lo ves por primera vez, te impacta, no se te olvida en la vida».

Lavapiés y Madrid eran muy distintos. Había muchos edificios en la zona que estaban en ruinas. Otros estaban vacíos, esperando los dueños que se degradaran, se convirtieran en solares o que se les realizase una rehabilitación integral. La mayoría de la población era de avanzada edad y con situaciones económicas precarias. La okupación no era una novedad, en muchas de las antiguas corralas había pocos papeles. La imprenta Hijos de E. Minuesa, S. L. fue una de las más antiguas de la ciudad, se fundó en 1848. Comenzó como Imprenta Central de los Ferrocarriles para convertirse con el paso del tiempo en una marca de referencia para numerosas editoriales, universidades y cajas de ahorro. La fachada principal estaba en la ronda de Toledo, una entrada de carruajes daba paso a un inmenso espacio interior, con un patio alargado que desembocaba en diferentes salas de talleres y antiguos despachos a derecha e izquierda. En total eran 2400 metros cuadrados. Constaba además de un edificio con doce viviendas en el que había un colmado que hacía también las veces de bodega. Tras ciento cuarenta años de historia, en julio de 1988 la imprenta anunció su repentino cierre, lo que llevó a los noventa y ocho trabajadores a *encerrarse* en el interior de la factoría durante casi tres meses. En una noticia sin firma del diario *Ya* se explicaba lo ocurrido: «Los primeros problemas surgieron hace dos meses, cuando el Ayuntamiento de Madrid convirtió la zona industrial, en la que se ubica la empresa, en zona residencial, con lo que los socios mayoritarios de la imprenta decidieron cerrar para venderla como suelo edificable ante la revalorización de los solares. Los responsables de la gestión empresarial dimitieron entonces y la dirección comenzó a rechazar clientes».[35] Durante la lucha en defensa de los puestos de trabajo, la asamblea de trabajadores entró en contacto con la Asamblea de Okupas de Madrid, que les ayudó con las protestas. Cuando se terminó el conflicto y se llegó a un acuerdo, los trabajadores sugirieron a la gente de la Asamblea que entraran en los pisos vacíos y en la antigua imprenta. Convertido en centro okupado, en Minuesa se realizaron infinidad de actividades y durante sus cinco años de existencia vio pasar a multitud de grupos de música, principalmente de punk y hardcore. Allí se presentaron por primera vez en Madrid bandas como Soziedad Alkohólika, Reincidentes o Maniática cuando solo tenían publicada una maqueta. También aterrizaron grupos

35 «Trabajadores de Minuesa cortan el tráfico», *Ya,* 29 de septiembre de 1988.

extranjeros que andaban de gira por la península, principalmente bandas de Europa y Estados Unidos. Llegaron a entrar alrededor de mil personas en una sola noche. Minuesa, como centro social autogestionado, duró hasta el 18 de mayo de 1994, cuando fue desalojado por la policía. Hubo veintiséis personas detenidas. En la fachada colgaba una pancarta que decía: «Mejor okupante, ke espekulante. Por el derecho a la vivienda». El edificio, con todo su patrimonio industrial, fue reducido a escombros y en su lugar se construyeron viviendas de nuevo tipo. En las páginas de *El País,* la periodista Begoña Aguirre contaba el día a día del centro okupado poco antes de su final: «En Minuesa viven unos 40 jóvenes entre los veinte y los treinta años; pero, además, en la nave industrial organizan talleres de serigrafía, gimnasia o pintura; conferencias y conciertos de rock, flamenco y de grupos *cañeros.* También regentan un comedor vegetariano, donde todos los días almuerzan medio centenar de personas a precios que no superan las 500 pesetas». En otra noticia posterior al desalojo añadía sobre lo que allí se vivió: «"Fiestas populares de Sin Isidro", "Fiesta antimilitarista", "Concierto flamenco, ni heroína ni represión", "Fiesta hortera para señoritas", "Concierto por la autoproducción musical". [...] Todos ellos se celebraban en el mismo lugar: el Centro Social Autogestionado Minuesa».[36]

Julio Fernández era uno de los okupantes de Minuesa y también el responsable de que el flamenco traspasase las puertas de la antigua imprenta. «Surgió porque yo estaba dando clases de guitarra con El Entri. Él venía todas las semanas a Minuesa, empezó a ver que hacíamos conciertos y un día le dije "tenemos que hacer uno con la gente de Caño

36 B. Aguirre, «2400 metros de Kultura», *El País,* 19 de mayo de 1994.

Roto". Poco a poco fue cogiendo fuerza la idea y al final tiramos para adelante». Fue un éxito. «Hubo unos llenazos impresionantes. Bajó muchísima gente del Rastro y Lavapiés, vino también todo Caño Roto, todos los gitanos de allí. Yo estuve un par de días antes y hablé con toda esta gente de Caño Roto, con El Viejín, con los Losada, para que vinieran. Lo de los guitarristas de allí es espectacular. Recuerdo ver a Jesús de Rosario tocando cuando tenía poco más de diez años y alucinar». A esos conciertos acudieron alrededor de quinientas personas, en el ya mencionado de Diego El Cigala en 1993 la afluencia fue todavía mayor. Julio hace años que no vive en Madrid, pero mantiene el acento. «Estaban un poco alucinando todos los gitanos en una okupación llena de punkis, porque ya ves tú lo que éramos, que el que no tenía unas rastas que te cagas, tenía una cresta enorme y el que no, era un macarra de *cuidao.* Y al estar todos allí *mezclaos,* en el patio, con mogollón de gente, estábamos todos *flipaos.* Como además les tratábamos tan bien y había tan buen rollo, los gitanos eran los que más disfrutaban Fue una noche muy agradable y ellos estaban súper contentos». Según cuenta Julio, El Entri por entonces trabajaba en el Café de Chinitas, igual que las bailaoras que actuaron en el segundo concierto.

Aquilino Jiménez, El Entri, es una autoridad en Caño Roto, un maestro para muchos guitarristas y una referencia por su compromiso con el barrio y su gente. En un reportaje que publicó el diario *El Mundo* firmado por el periodista David López Canales, El Entri afirmaba lo siguiente: «Lo que yo he hecho siempre es cultura. Pero además de formar a la gente joven y a los mayores voy enseñando también el bien por la vida. Intento que sean sobre todo buenas personas». El periodista lo había presentado antes a los lectores de la siguiente manera: «Tiene un mantra que repite constantemente, o una obsesión, o un sueño o, mejor dicho, las tres cosas: "Poblar el mundo de guitarristas". El Entri es aquel niño nacido en Melgar de Fernamental (Burgos) hijo de gitanos nómadas feriantes de ganado que rasgaba en el aire de pequeño mientras dormía una guitarra imaginaria, el que creció escuchando tocar a sus tíos, el que aprendió, como se ha aprendido siempre el flamenco, con la boca cerrada y los ojos y las orejas abiertos como platos». Al final del texto el periodista añadía a propósito de Caño Roto: «era y sigue siendo, sobre todo, una cuna de guitarristas como pocas en España, a la altura de Jerez de la Frontera. De aquí han salido tocaores como El Entri o sus hijos Jesús de Rosario o Kilino Jiménez. De aquí era El Nani, que dejó la guitarra profesional al sentir la llamada de Jesús y ahora solo toca en su iglesia evangélica. O Jerónimo Maya. O David Cerreduela… El listado es extenso». Y sobre Aquilino Jiménez, que tocó para Manuela Carrasco, Lebrijano, Chocolate o Camarón, sentenciaba en el reportaje: «Pero El Entri es, sobre todo, este hombre que tocara donde tocara, en tablaos o en giras por el planeta, cada vez que regresaba a Madrid se dedicaba también a su gran pasión: enseñar. Lo hace desde que era aquel niño que quería explicarles y mostrarles a otros, mayores y pequeños, cómo había que hacerlo. El que absorbía todo, como recuerda hoy Víctor Monge Serranito, gran maestro de la guitarra flamenca, que le enseñaba en el Café de Chinitas las falsetas que después El Entri aprendería, tocaría y propagaría por Caño Roto. Tanto le gustaba enseñar, tanto quería poblar la tierra de guitarristas flamencos, que dejó incluso los tablaos y las giras para dedicarse a ello. Y así continúa también hoy».[37]

37 D. López Canales, «El maestro flamenco de Caño Roto», *El Mundo,* 15 de marzo de 2019.

El barrio de Caño Roto está formado por un «poblado dirigido» creado en la segunda mitad de la década de los cincuenta. Estos poblados posibilitaron a los recién llegados a la capital el acceso a una casa autoconstruida para evitar el chabolismo. Por eso en este tipo de zonas las casas son de media altura o unifamiliares, algunas con pequeños patios y calles peatonales que permiten una sociabilidad comunitaria. Esa parte del barrio se conoce también como Las Domingueras y es admirado por su arquitectura. Son viviendas pequeñas y bonitas, pensadas a partir de un modelo de urbanismo compartido. Además, en Caño Roto hay dos zonas que se conocen como «poblados de absorción», viviendas sociales que fueron remodeladas o rehabilitadas en los años noventa; en ellas se reubicó a los habitantes del poblado chabolista del Cerro de la Mica, que fue uno de los más grandes de Madrid. En los poblados de absorción, con la remodelación, se crearon viviendas de más altura para resolver problemas de hacinamiento. Dentro está el «poblado mínimo», una zona donde había más chabolismo y pobreza en origen. En la parte del poblado dirigido es donde está la Asociación Vecinal La Fraternidad, en un local que durante la dictadura había sido una delegación del régimen franquista y que, tras haber quedado abandonado, en 1977 fue ocupado por los vecinos, hasta que se regularizó su situación siendo alcalde Tierno Galván. En esos locales El Entri da clases de guitarra, allí se realizan actividades para la comunidad y en verano se proyecta cine en la plaza adyacente. La Asociación de Vecinos lideró durante años las luchas por la vivienda y los suministros, también por la seguridad y contra la heroína, una plaga que azotó y todavía afecta a una parte importante del vecindario. La atención a los toxicómanos es muy deficiente y hay algunas zonas donde, según un activista vecinal, «no se atreve a entrar la policía». La misma persona denuncia que además hay una actitud «muy racista» por parte de la administración, con una falta de servicios de atención «alarmante y carente de humanidad» para las personas drogodependientes. Aunque Caño Roto está en el distrito de La Latina, muchos vecinos lo consideran parte de Carabanchel. Pese a las circunstancias y el abandono institucional, el barrio no se resigna, tiene vida, se escucha y se practica música. Con motivo del Día Internacional del Pueblo Gitano, en abril de 2024 se presentó la Asociación Cultural Sonido Caño Roto en el centro de cultura municipal Paco de Lucía de La Latina. Era la puesta de largo de una iniciativa de un grupo de jóvenes gitanos del barrio con la idea de «inculcar a nuestros niños la música, como un día los mayores hicieron con nosotros», como explicó la persona que presentó el acto. Había un montón de artistas de Caño Roto y les acompañaba Antonio Sánchez, sobrino de Paco de Lucía, con su guitarra. El fin de fiesta, con todas las guitarras en el escenario, fue espectacular. Caño Roto tiene un patrimonio flamenco y humano desbordante, con el que se podría construir una fabulosa escuela de música en la zona, una reivindicación que El Entri ha llevado muchas veces por bandera.

Julio Fernández cree que ese carácter indómito de la gente de Caño Roto fue lo que hizo que funcionase tan bien el encuentro con la gente de Minuesa, una relación que para él acabó demasiado pronto. «Después del desalojo de Minuesa me desvinculé del movimiento de okupaciones, tiré por otros *laos,* pero si eso hubiera seguido se habría liado algo muy guapo». Antonia Jiménez sonríe recordando ese tiempo. Para la guitarrista y compositora del Puerto de Santa María no era extraño que esos dos mundos se encontrasen: «Yo vi algo muy terrenal en Minuesa, que conectaba con Caño

Roto porque era muy puro de Madrid, muy auténtico. Por supuesto que el flamenco tenía que entrar ahí, igual que entraban otros sonidos y entró después la música electrónica... Allí brotaba la cultura, era lógico que estuviera el flamenco». Sin embargo, la presencia más determinante en el centro no fue ni la del Entri ni la del Sonido Caño Roto, sino la de un cantaor que ya tenía nombre y que años más tarde llenaría salas, teatros y estadios por todo el mundo: Diego Ramón Jiménez Salazar, El Cigala. En ese tiempo Julio se hizo amigo suyo. «Con El Cigala la relación fue muy estrecha. Le teníamos todo el día en Minuesa, Amparo también vivía en Minuesa y era fácil bajar al patio a escucharle cantar». Lo dice con conocimiento de causa: «Toda mi familia, desde mi abuelo, era flamenca. Mi abuelo era amigo del Porrina y de Manolo Caracol. A mí me han tenido en brazos. Luego mis padres se hicieron muy amigos de toda la familia Sordera, que han estado en mi casa de juerga desde que yo tenía seis o siete años. De Vicente, del Sorderita, de Manuel. Se quedaban a dormir en casa, eran noches increíbles. Ahí es donde igual empecé a flipar con el flamenco y luego en esa época de Lavapiés es cuando conocí al Cigala una noche de juerga». En su pandilla había otros flamencos con los que Julio trataría mucho en esa época, especialmente con el guitarrista Antón Jiménez.

Entre ese grupo de colegas estuvo también la fotógrafa y diseñadora gráfica Jacinta Delgado. Ella participó también en la organización de los conciertos de Minuesa y fotografió parte de lo que se cocía en el flamenco de esos años. Era amiga de Julio y Amparo Fernández. En una extensa entrevista del periodista Israel Viana al Cigala en *ABC*, el cantaor contaba cómo conoció a Amparo, la que fue su mujer y representante durante veinticinco años, con la que tuvo dos hijos y quien guio su carrera con maestría y buen hacer profesional hasta su muerte en 2015 de un cáncer. Ella fue fundamental para enderezar la trayectoria artística del Cigala y que la voz de este llegase a todos los rincones del planeta. «La conocí en el bar de Antón Jiménez, uno de mis primeros guitarristas. Yo iba muchas tardes a cantar y a tomarme mis chupitos. Y ella, que era una gran aficionada al flamenco, también. Un día me comentó: "Me gusta cómo cantas". Y poco después comentó que iba a ir con una amiga a un concierto de Paco de Lucía en el teatro Monumental, en la plaza de Antón Martín. Yo no tenía entrada, pero fui y, al llegar, se la quité a su amiga sin que se diera cuenta y agarré de la mano a Amparo para entrar con ella. ¡Qué fuerte, dejé a la pobre tirada! Jacinta, te pido perdón...». A Jacinta Delgado le entra la risa cuando escucha la historia de lo ocurrido contada por El Cigala. «No fue exactamente así», explica. Ella también entró al concierto de Paco de Lucía. «El Cigala ya tenía nombre. Yo era amiga de Antón, el guitarrista. Tenía dos entradas y me sobraba una, así que se la vendí a un chaval que andaba por la puerta. Justo en ese momento llegó El Cigala. Le miró a los ojos y no sé qué le diría, que el chaval volvió, me la pasó y yo le devolví el dinero y se la di al Cigala. De hecho —dice entre risas— yo entré con El Cigala». Otro de los bares de referencia obligada en esa época para ese grupo, cuenta Jacinta, era La Soleá, en la Cava Baja, en la zona de La Latina. Julio lo confirma: «Era la leche, para mí incluso antes que el Candela y Casa Patas. Ahí todas las noches se cantaba flamenco. He visto al Agujetas y a peña buenísima en el primer local, que era muy chiquitito y estabas al lado del cantaor, hombro con hombro. A veces había unas broncas que no veas, pero nadie me tocaba un pelo porque había corrido la voz de que era "de los punkis" y que si había movida nos podíamos juntar un montón de gente», cuenta con humor antes de añadir lacónico: «La Soleá era una pasada».

Jacinta Delgado vivió en primera persona ese tiempo de amistad y pasión por el flamenco: «Yo iba haciendo fotos de todo, porque cuando te gusta algo lo quieres coger, quería captar lo que me fascinaba, recoger ese instante para volver a verlo y disfrutar recreando ese espíritu». Y prosigue rememorando esos tiempos: «Venía el flamenco de una época muy buena, anterior a la nuestra, y estaban todos esos chavales con sus guitarras que tocaban que no veas, había gente como Sara Baras o Tomasito, que es un tipo estupendo, un artista modesto, divertido y elegante. A ellos también los fotografié. Teníamos veintipocos años y muchas ganas de todo. Había un ambiente muy de familia, de verte ahí con los de siempre. El flamenco era una semilla que se estaba fraguando. Eso dio pie a discos muy buenos y a que el flamenco se extendiera. En el Candela se notaba que todos tenían muchas ganas de comerse el mundo». Para Julio Fernández, el Candela era «un sitio de culto» porque «todos los flamencos del mundo iban ahí». Y añade sobre Miguel: «Yo tenía muy buena relación con él, venía por Minuesa y tenía buen rollo con nosotros. Igual que nosotros íbamos cada dos por tres al Candela, sobre todo al principio, cuando no estaba tan masificado. También bajamos a la cueva, aunque a veces, si venía alguien importante como Paco de Lucía, Miguel ya no nos dejaba entrar». En la entrevista para *ABC,* El Cigala recordaba esos primeros tiempos en el Candela, cuando estuvo con Camarón por primera vez: «Atravesó el bar, bajó a la cueva y se sentó solo en una esquina. Supongo que quería pasar desapercibido. Entonces llegaron Riqueni, Morente, Juan Verdú, José Manuel Gamboa, Miguel Espí, Gerardo Núñez... ¡Madre mía de mi corazón! Estábamos todos cuando Morente se acercó y nos dijo: "No le agobiéis, hombre, que se va a levantar y se va a ir". Abajo hacía mucho calor y al final se quedó en camisa, cogió la guitarra y se puso a tocar y a cantar. Me quedé loco, petrificado. Fue una noche mágica».[38]

En la casa donde estamos con Antonia Jiménez el tiempo se consume hablando y escuchando música. Algunos artistas que se mencionan han envejecido mal. Suenan Menese y El Lebrijano, La Tremendita y Camarón. Antonia también frecuentó el Candela. «Recuerdo mucha fiesta y mucha noche loca. He bajado a la cueva muy pocas veces porque era un ambiente muy selecto y yo tendría como veintipocos años, era cuando acababa de llegar a Madrid. Había mucho nivel y se notaba que había una calidad elevada». La guitarrista, después de casi tres años de aterrizar en la ciudad, decidió explorar otras rutas y conocer otros paisajes. «Me fui a vivir a una *kasa okupada* en Ámsterdam. Tocaba la guitarra en un club que se llamaba El Duende. Era un bar flamenco que tenía dentro un estudio, era como un pequeño Amor de Dios. Un sitio flipante. Se daban clases dentro y por ahí pasaba mogollón de gente, muchísimos músicos como el saxofonista Paul Stocker, que luego estuvo en mi casa del Puerto de Santa María viviendo tres meses con mi madre. Stocker era un musicazo californiano que estaba en Ámsterdam de profesor. Mi madre flipando: "¡Que me lo eches!", pero gracias a él tuve los primeros contactos con gente como Javier Ruibal y Chano Domínguez», dice muerta de risa. «De Holanda me volví al Puerto y del Puerto me fui a Japón, estuve un año allí, cobrando bien. Volví de Japón a Madrid con pasta,

38 I. Viana, «El flamenco es noches de juega, no se aprende en el sofá», *ABC*, 13 de junio de 2020.

porque estaba claro que al metro no iba a volver». Era el año 2000. «Me metí poco a poco en todos los tablaos y en Amor de Dios en todas las clases. Con muchas maestras, con Rafaela Carrasco, con Manuel Reyes y su hermano, con La Tacha que es la dueña de Las Carboneras. Ahí es donde conecté con Rocío Molina, con el Marco Flores, Manuel Liñán, Olga Pericet, Belén Maya... La Tacha mola mucho, a mí realmente la puerta de Madrid me la abrió ella».

Desde entonces Antonia Jiménez no ha parado, el sonido de su guitarra ha llegado a los cinco continentes. Ha actuado en escenarios de todo el mundo, desde la Ópera de Sídney hasta el Festival de Alburquerque o el New York City Center en Estados Unidos. También ha participado en los festivales flamencos más importantes de España. En 2005 realizó el espectáculo *La diosa blanca,* integrado exclusivamente por mujeres, compartiendo escenario con Carmen Linares y Pastora Galván. En el Festival de Jerez tocó dentro del espectáculo *Las cinco estaciones,* junto a artistas como Blanca del Rey, Mercedes Ruiz, Paco Serrano y Santiago Lara. Compuso íntegramente la música del espectáculo *De flamencas,* ganador del premio de la crítica del Festival de Jerez 2013. Como guitarrista de acompañamiento ha trabajado, entre otros artistas, con Miguel Poveda, Inma La Carbonera o Rocío Márquez. Antonia Jiménez participa también en los documentales *Tocaoras* de Alicia Cifredo y *Flamencas, fuerza y duende.* Su currículum es espectacular. Antonia es una profesional demandada y respetada. También actuó varias veces en Casa Patas. Lo recuerda con especial afecto: «Era un paraíso, no tengo palabras. Tocando en el tablao, el respeto que había. *Na* más te sentabas ahí ya tocabas por derecho, porque el sitio te lo imponía. Qué sitio más loco, más macarra y a la vez más sublime. Muy elegante todo».

En 2017 la guitarrista participó en el Festival Flamenco Diverso coincidiendo con el Orgullo Mundial que se celebró en Madrid. Un evento que se anunció como el primer festival flamenco «con una mirada transversal LGTB». Además, en estos últimos años, Antonia Jiménez ha sido mencionada como referente de esa comunidad. «El flamenco lo hace tan natural que no hace falta añadir nada. De hecho a mí me molesta a veces esa etiqueta, porque no hace falta subrayar. Se ha *cantao* muchas veces, está todo en las letras. Obviamente mi trayectoria no ha sido la misma que la de mis compañeros, ha sido diferente. Pero por ser lesbiana no he tenido problemas. Aquí todo el mundo cabe, en el artisteo somos mayoría». Lo dice entre risas en el momento preciso en el que llega de la nevera una nueva ronda de cervezas. «Mucha gente me ha preguntado si se toca diferente siendo mujer, yo eso de que si la guitarra es masculina o femenina no lo entiendo. Pero obviamente la vida de una mujer es diferente a la vida de un hombre y tienen que contar cosas diferentes, que no tienen que ver ni con sensibilidades ni nada de eso. Es el recorrido que has vivido tú, esa es tu verdad y eso es lo que el flamenco me da cabida. Hay huecos en los que el flamenco me permite ser yo y brillar. A mí el flamenco me ha dado un espacio para volar porque puedo decir mi verdad con mis falsetas». Lo cuenta con un acento de Cádiz que a pesar de los viajes y los destinos lejanos no ha desaparecido.

Hay un vídeo que le gusta especialmente a Antonia; en él aparece la cantaora extremeña María de los Ángeles Salazar Saavedra, La Kaíta, acompañando a Pata Negra, el dúo de los hermanos Amador, en un concierto. Pertenece a una serie documental dividida en seis capítulos y titulada *El Ángel: Musical flamenco,* que se grabó en la provincia de Sevilla en 1984 con cámaras de cine. En la película aparecen los barrios del Pumarejo y La Alameda, también las Tres Mil Viviendas o el rastro de la calle Feria. Hay cante, baile y guitarra, siempre en un ambiente popular. Lo produjo y dirigió Ricardo Pachón junto con el escritor y letrista Carlos Lencero, y se emitió en Televisión Española. En el capítulo titulado «El rock gitano» desfilan artistas como Raimundo, Rafael, Ramón y Diego Amador, también Carmelilla Montoya. La Kaíta y Pata Negra aparecen en pantalla tocando en un escenario con guitarras eléctricas, bajo, batería y tres palmeros. La Kaíta tenía entonces veinticuatro años, lleva chupa de cuero marrón, toca una guitarra eléctrica y canta: «Tu madre me ha dicho "puta" porque voy a la discoteca, y yo le digo a mi suegra que yo paso de la vieja». Los palmeros aprietan y sonríen. La hoy veterana cantaora, perteneciente a la familia Porrina y artista totémica por su arte y su quejío, muestra un poderío iconoclasta descomunal.

Antonia Jiménez se declara admiradora «incondicional» de la cantaora de Badajoz, pero cuando, tras una pausa para reponer fuerzas, expresa su opinión sobre el debate del purismo en el flamenco, lo hace sin perder el tono tranquilo de toda la conversación. «En realidad respeto a los puristas, porque hacen falta unos guardianes, porque sí existe algo muy puro, que fácilmente se podría perder y olvidar. Y es de donde viene la raíz. Antes no lo veía así, ahora me encanta lo puro. Puede haber críticas, todo el mundo puede opinar de todo, pero yo creo que la raíz es muy importante conservarla para saber de dónde se viene. Lo primero que yo aprendí cuando empecé a tocar la guitarra es el respeto, hasta el punto de que todavía me da apuro acompañar por ese respeto. Saber de dónde venimos y que no se banalice, porque la música muchas veces piensas en lo que se está convirtiendo y el flamenco no puede ser eso». Y añade en el mismo tono que antes: «Tampoco soy yo la persona idónea para hablar de esto. Yo intento tener mi propio lenguaje, que eso también choca un poco con lo que estamos diciendo, porque mi propio lenguaje son mis vivencias, lo que yo tengo que contar». Da un sorbo a la cerveza y prosigue: «Intento tocar mi lenguaje que viene de lo puro, pero a lo mejor alguien me escucha y dice que eso es una locura. Hay que vivir con los tiempos y con la experiencia de cada uno». Y concluye, enfatizando con el gesto la importancia que tiene lo que está diciendo: «El Viejín tiene un disco que se llama *Algo que decir* y pienso que me ha quitado el nombre, porque eso es lo que yo tengo, algo que decir. El flamenco a nivel político quizás también tendría algo que decir, aunque creo que el flamenco ya lo dice todo». Cierra la frase con una gran sonrisa.

Se acerca la noche y el encuentro va llegando a su final tras varias horas de conversación y música. El panorama ha cambiado en los últimos treinta años, desde que Antonia Jiménez desembarcó en Madrid. Ya no es tan raro ver otras mujeres tocando la guitarra flamenca como cuando ella comenzó. Algo que fue habitual en el primer tercio del siglo xx, en el que hubo profusión de artistas al toque pero que desapareció con el franquismo, que apartó a la mujer solo hacia el baile. Antonia Jiménez fue pionera en recuperar ese espacio. «Guitarristas que me hayan influido hay pocas, pero por ejemplo, con Laura González flipé porque hasta entonces no me había encontrado a ninguna tía de aquí tocando. Laura es una guitarrista de Córdoba alucinante. Ahora las chicas han llegado a un nivel increíble, un nivel que yo nunca alcanzaré. Me jode un poco porque creo que todavía fuera de España el ambiente es más libre, más cómodo. Aquí la mujer instrumentista no está normalizada». Un asunto, la mirada masculina sobre el arte, que recupera para la conversación recordando esos primeros años de La Lupe, Minuesa y el Candela: «Tuve la suerte de venir a Madrid y encontrarme gente libre de prejuicios. El Kurdo fue la persona que me invitó a dormir en Minuesa, qué buena gente. Tengo ganas de volver a verle». Carraspea y sigue: «Salí de casa con dieciocho años y todavía estoy en el camino del aprendizaje. El Candela tenía un ambiente muy macho, de hecho tuve allí algunos encontronazos desagradables, pero formaba parte de nuestra lucha, de seguir *p'alante* y si hay alguien al que le molesta cómo somos, pues que se las apañe. Tampoco he prestado mucha atención a ese tipo de traspiés tan burdos, tan torpes. Cada uno se va haciendo su familia en base al respeto, porque por suerte el flamenco es un mundo muy grande». Le da un último trago a la cerveza y añade: «Hay que vivir, hay que escuchar, hay que componer, hay que estudiar, hay que llorar, hay que reír y todo eso se tiene que contar». Y finaliza después de una segunda pausa: «Qué mundo más loco y más cuerdo es este».

ESTRELLA

La última en desembarcar en un encuentro al que ya han llegado Josemi Carmona, José Carbonell «Montoyita», Israel Suárez «El Piraña», David de Jacoba y Juan José Suárez «Paquete» es Estrella Morente. La cita es en el Pazo de Almuiña, un caserón de piedra y con forma cuadrada impresionante, construido en el siglo XVII. Está situado en la zona del Baixo Miño en las Rías Baixas, a un tiro de piedra del norte de Portugal. En la convocatoria dominan las guitarras de Josemi, Montoyita y Paquete, pero están también el cajón de Piraña y los cantes de David de Jacoba y Estrella. Los invitados se van sentando en círculo en una terraza con vistas al fronterizo río Miño y al otro lado de la *Raia.* Están también presentes los hermanos Moisés al cajón y Rubén Fernández con la guitarra, gitanos que viven en Galicia y promueven la difusión del flamenco, en esta tierra donde, en principio, tiene poca parroquia. El ambiente es de camaradería y risas, se pregunta por las familias, las giras y los planes de futuro. David de Jacoba cuenta el proyecto que tiene con el grupo granadino La Plazuela, Josemi y Paquete hablan de llevar la música de Bob Marley al flamenco y los hermanos Fernández cuentan la situación de la comunidad gitana en Galicia. También planea en la conversación el homenaje que van a realizar en febrero de 2024 a Paco de Lucía en el Carnegie Hall de Nueva York con motivo del décimo aniversario de la muerte del guitarrista; varios de los presentes están implicados en la organización del sarao.[39] Hay tiempo para contar anécdotas y viejos recuerdos, la mayoría de giras y viajes. Estrella Morente se mantiene a la escucha, interviene poco, siempre con buen gesto. Tiene una presencia imponente en el cónclave, se la respeta por su cante, por su derroche de elegancia y por ser hija de Enrique. Al rato, desde Ferrol, llega en coche El Morocho, un joven cantaor aficionado del que hay un runrún en los mentideros locales, viene con un compadre suyo, son jóvenes, rondan la veintena. El chaval se lanza a cantar y lo hace con una profundidad y un pellizco pasmosos. Se deja acompañar por las guitarras de Josemi, Montoyita y Paquete alternativamente. A veces se enmienda a sí mismo, pero su metal es prodigioso. Aclara que no le interesa el negocio, ni promocionarse, solo el cante: «Me ofrecieron cantar en París, pero yo a un avión no me subo ni loco». De personalidad y jondura va *sobrao,* «quizás en exceso —dice alguien más tarde—, pero su camino lo tiene que decidir él».

El lugar del encuentro atrapa, el pazo está rodeado de viñedos diseminados en terrazas, las cepas son altas y la piel de la uva brilla con los rayos del sol. El pueblo más cercano es Arbo, estamos en la provincia de Pontevedra. Hace un día soleado, corre una ligera brisa que acompaña bien porque el calor sin ese aire sería sofocante. Es 19 de julio de 2023 y la reunión la han auspiciado las bodegas Martín Códax —de las más famosas de albariño gallego— como parte del programa musical Os Xoves de Códax; todos los veranos, varios artistas

39 S. Cruz Lapeña, «La guitarra de Paco de Lucía brilla de nuevo en Nueva York», *El País,* 21 de febrero de 2024.

se reúnen en el pazo y ensayan antes de presentar su música. La idea es que convivan antes de actuar. La hospitalidad de Rosa Bugallo, que hace las veces de productora y anfitriona del evento, es espectacular. Cuando habla entremezcla gallego con castellano, las dudas las aclara. Allí el tiempo es gloria para unos artistas flamencos de primer nivel que en verano van de salto en salto entre conciertos y proyectos. Las risas y el buen rollo se mantienen hasta el anochecer. Se echa en falta al Yiyo; el bailaor de Barcelona llega al día siguiente, justo para el concierto, que será en la sede de las bodegas en Cambados, junto a la Ría de Arousa, a poco más de una hora en coche del pazo. A última hora ensayan algunas bulerías y tejen complicidades antes de la presentación. Tienen ganas de juntarse en un escenario y le dan a la noche lo justo.

En el Pazo de Almuiña están reunidos algunos de los que dieron fama y relumbrón al Candela. Montoyita, Josemi Carmona, Paquete y El Piraña nacieron en Madrid, se movieron por el Rastro y alternaron el Candela como apéndice de su propia casa. José Carbonell Montoyita nació en 1961, pertenece a la tercera generación de una familia de gran tradición flamenca. Participó, entre otros, en la grabación del disco *Omega* de Enrique Morente, también ha tocado con El Cigala, Carmen Linares, Jorge Pardo, Guadiana, Estrella Morente o en los espectáculos de Joaquín Cortés. «Había una camarilla de jóvenes músicos que nos habíamos enterado de que había una nueva peña flamenca en el barrio que se llamaba Chaquetón —cuenta Montoyita en un momento del encuentro, guitarra en mano—. Fuimos allí un día y ya Miguel nos invitó a la cueva. Como estaba al lado de nuestra casa, ya íbamos primero a echar un café por la tarde y la madre de Miguel nos hacía unos bocadillos allí que Dios los bendiga también», cuenta el tocaor gitano vestido de blanco impoluto, con una elegancia marcada por un cabello plateado peinado hacia atrás y una mirada con brillo y experiencia a raudales. «Entonces íbamos allí a aprender, a tocar en la cueva, fue la generación de Gerardo Núñez, Riqueni, Tomate, mi primo El Bola... Y se convirtió en un templo, como el Candela no ha habido otro. Allí se juntaron todas las estrellas máximas del flamenco».

En el Candela germinó una energía que contagió a una generación de músicos. Enrique Morente fue el tutor de ese ambiente; Miguel Aguilera, el guardián de la gruta. «Enrique y Miguel eran muy amigos. Morente iba allí a jugar al ajedrez, alguna vez iba en zapatillas porque estaba al lado de su casa. A él le gustaba expansionarse allí después de trabajar, era su sitio. Y a lo mejor venía de un gran concierto y se ponía a hablar con el último borracho de la barra, aunque hubiera gente ahí que había venido para hablar con él. Enrique era muy buena gente. El Candela y todos esos locales, como Casa Patas y antes el Café de Chinitas, el Corral de la Morería... eran el corazón del flamenco de Madrid», cuenta Montoyita sin perder el compás con su guitarra. Pero añade que el Candela no era solo un lugar de flamencos y gitanos. «Muchos no eran músicos, eso es importante. Venía gente que se encontraba allí bien, porque sí les gustaba la música, pero también la forma en que se estaba: abogados, electricistas, escritores..., de todo. Amigos de verdad, de todas las noches. Había una unión en el ambiente, sea abajo o arriba. Y si alguien bajaba no se paraba de tocar». Además de como lugar de encuentro tras actuaciones, local de copas de última hora o cueva de los tesoros desconocidos, el local quedó también significado como centro neurálgico de la guitarra flamenca. «Del Rastro hemos salido mucha gente, Paquete, yo, Ray Heredia, Riqueni, que vivió por aquí... Ha salido mucha gente y hay un color diferente a la guitarra de Caño Roto, que es otro barrio maravilloso, que se toca la guitarra de manera increíble, pero son otros colores». Y añade Montoyita sobre esa tonalidad: «Es el color de la zona del Rastro, tiene que ver con que los guitarristas de todos lados vinieron aquí a realizar sus carreras, el propio Ramón Montoya que era de Lavapiés y fue el primero en expandir el arte por el mundo. Además el que se queda allí a vivir es como si hubiera vivido allí toda la vida». Y remata en esa misma línea de enfatizar lo integrador del ambiente: «A Miguel le gustaba todo, no solo la guitarra, pero como nos dejaba tocar a cualquier hora, lo que quedó es que el Candela era un sitio de guitarristas».

Juan José Suárez Paquete es de la misma opinión. Nació en 1966 en Madrid. Como Montoyita, creció en el Rastro, aunque su familia es una institución dentro del flamenco con denominación de origen en Badajoz. Su abuelo Porrina, su padre Ramón el Portugués y su tío Guadiana son tres cantaores históricos, su tía Josefa Salazar «La Negra» también. Además, Paquete es primo de Los Chunguitos y de las Azúcar Moreno. «Es un orgullo venir de ahí». Alto, de complexión fuerte y con rasgos que reflejan como pocos el recorrido de un pueblo, su tono pausado y su pasión indómita por la guitarra le dan un aire especial a su relato. «El Candela era sobre todo un lugar de guitarristas. Ahí íbamos después de darle todo el día en casa o donde fuera y nos juntábamos con otros guitarristas para tocar y enseñar lo que estábamos haciendo. Luego salíamos como salíamos y muchas veces nos volvíamos a casa y nos habíamos equivocado de guitarra, de tantas que había». Para el tocaor, una de las grandezas del local fue la mezcla de gentes que ahí se daba: «El Candela era un sitio importante para los gitanos, pero todo el mundo era bien acogido porque entre los artistas no hay diferencias. Lo importante en la convivencia con el arte es ser persona y si luego encima eres bueno pues ya ni te cuento. Los que destacan son siempre especiales. Y hay gente que destaca más por su corazón que por su arte y eso me parece muy bonito también. Y luego están los genios, como Camarón o Paco». Paquete lleva la conversación a un punto de especial interés. «Los genios siempre digo que tienen que pagar un precio muy alto, por eso están todos como una cabra. Tienen un grado de locura que a mí no me gustaría pagar. Aunque Paco de Lucía más que un genio ha sido una persona con una coherencia y una inteligencia tremenda y creo que cuando se tiene una sabiduría tan grande es imposible tener mal corazón. Paco para mí es un ejemplo de un hombre bueno, sabio y sin saberlo él. Porque él no era consciente ni de lo que él era. Un tío muy normal y muy llano», apunta desde las entrañas.

Paquete reivindica el Rastro, también sus orígenes extremeños. «Yo no soy muy de patria chica, pero al final es verdad que uno es de Madrid y que tiene una importancia en el flamenco fundamental. Madrid es un punto de encuentro cosmopolita que ha acogido bien a todo el mundo. Es un lugar para graduarse y allí se te da el título para ir a cualquier lado, un sitio por el que hay que pasar sí o sí, un ágora». También reivindica a la gente de su barrio: «Cascorro y el Rastro podrían ser el equivalente al barrio de Santiago en Jerez o a Triana en Sevilla. Han salido muchos artistas de allí muy buenos. Hay mucho arte, hay además una cosa de la que no habla nadie y es que además del flamenco hay una cantidad importante de gitanos anticuarios que son increíbles, verdaderos expertos en pintura, en arte del siglo XVII, de muchas épocas. Gente sin título, que sin haber estudiado Bellas Artes yo te aseguro que son gente que sabe muchísimo y que han aportado mucho a la cultura, porque tienen todo eso muy claro y sin estudiar. El Rastro es un sitio en el que hay mucho arte, por todos *laos,* no solo por el flamenco». Y añade sobre su otra tierra de origen: «El flamenco de Extremadura me parece vital. Mi abuelo el Porrina fue un cantaor con una personalidad única cantando por tangos, por jaleos, aparte de otros cantes. Yo creo que esas cosas de Badajoz, como ocurre con las bulerías de Jerez, son una forma de cantar que es única. De nuestra tierra viene Remedios Amaya, mi padre, Los Chunguitos... Hay un catálogo espectacular».

A la vez que alardea de esa reivindicación sanguínea y de barrio, Paquete tiene una mirada amplia para la música. Ganador de dos premios Grammy, uno acompañando a Diego El Cigala y otro con Tomatito, formó parte de la exitosa banda de «nuevo flamenco» La Barbería del Sur, con la que publicó siete discos, y ha actuado con multitud de músicos de jazz en escenarios de todo el mundo. «Hay muchos músicos que han tenido la culpa de conectar el flamenco con el jazz. Por ejemplo Jorge Pardo, Carles Benavent, Pedro Iturralde en su momento..., todos esos músicos ya son flamencos. Jorge Pardo para mí es más flamenco que jazzero, y yo digo que cuando él toca jazz me parece que nos está poniendo los cuernos», señala con una sonrisa. «Al final estos te llaman para tocar y te demandan una información que terminas por aprenderte porque trabajan con armonías. Hay una mirada común, como ocurría con Jerry Gonzalez, tiene que ver con una forma de sentir la música. Yo creo que los músicos que se aproximan al flamenco al final lo terminan enriqueciendo de una manera, sin conciencia, pero que te lleva a dominar otras cosas y ahí está el secreto de esa fusión». Hace una pausa y añade, seguro: «No hay más secreto que sentarse y trabajar juntos».

Paquete se siente un afortunado por haber compartido esa experiencia profesional, de la que igual que sus compañeros que están en el Pazo de Almuiña cree que el Candela fue punto cardinal: «He tenido la suerte de tocar con mucha gente, con Morente mucho tiempo. Sus ideas tan transgresoras eran únicas, también he *tocao* mucho con El Cigala, que me parece un artista increíble, un tío con un control en el escenario brutal, que siempre está *afinao,* siempre está dentro. Los dos están muy unidos al Candela. El Candela fue una universidad sin título, para nosotros fue como estar en Oxford y Enrique era una especie de Albert Einstein que andaba por ahí, un referente. Aquello fue una época muy bonita que es difícil que se repita porque ahora las amistades se hacen de otra manera, parece que tenemos más amigos que nunca y qué va, yo creo que estamos más solos. Estamos todo el día con la mierda del teléfono y al final el contacto humano se produce menos que antes. Antes era más necesario y el Candela cumplía esa función y se echa mucho de menos».

Paquete se expresa orillando las últimas palabras, como si el pasado hubiera que mentarlo con la calma chicha del mar. El abuelo de Paquete fue Porrina, que nació en la zona antigua de Badajoz, en el centro de la ciudad, en la familia de los Porrinas. Un territorio con fuerte presencia gitana y caudales de arte flamenco en sus calles. Así recordaba al reputado cantaor la periodista Alba Baranda en el diario *Hoy:* «José Salazar Molina era un gitano que nació en la zona alta de la capital pacense en 1924. Fue un niño con mucho arte y desde muy tierna edad despuntó con sus cantes. A los siete años era relativamente conocido en Badajoz y antes de los treinta ya era una importante figura del flamenco en el panorama nacional. Como muchos otros artistas de la región, tuvo que salir de Extremadura —se marchó a Madrid— para conocer el éxito». Y añadía en su descripción en el periódico extremeño la periodista: «Defensor a ultranza de los gitanos, lleno de duende, de sinceridad y también de peculiaridades, como su habitual clavel en la solapa de los trajes y sus gafas oscuras. Quizás no lo sabía, pero estaba haciendo marketing, pues estos dos elementos unidos son fácilmente reconocibles para un buen conocedor del flamenco o un pacense».[40] A Paquete esa forma de exponer el arte de su abuelo le gusta. «Había una estética antes en el flamenco que es muy bonita, que hay una gente que la está recuperando ahora, gente como Israel Fernández, que es muy legítimo, gente que mantiene esa idea. Antes se tenía la nevera vacía pero los artistas eran artistas y se vestían como tales. Había un respeto por salir bien vestido al escenario, por marcar, por decir ojo que yo soy artista y tengo que ir bien y tengo que ir presentable». Y añade con el tono gitano que le caracteriza, con voz templada y acentuación profunda: «No soy partidario de esa movida del chándal en el flamenco, te digo». Paquete, a pesar de la añoranza por la función que tenía el Candela, no es pesimista: «El futuro del flamenco está *asegurao,* el flamenco lo llevan los gitanos en sí, ya *incrustao*».

Josemi Carmona nació en Madrid en 1971 con el flamenco totalmente *incrustao.* Guitarrista, compositor y productor musical, es hijo de la bailaora Amparo Bengala y del guitarrista Pepe Habichuela, originarios de Granada. Josemi empezó a tocar la guitarra con tres años, con once ya formaba parte de La Barbería del Sur, junto a Paquete, el cantaor Pepe Luis Carmona y el vocalista Enrique Heredia «Negri». Más tarde se incorporó a Ketama, grupo fundado por los guitarristas José Soto «Sorderita», Juan Carmona «El Camborio» y Ray Heredia a la voz. Fueron los dos grupos más significativos de la movida flamenca madrileña, el segundo alcanzó un éxito impresionante. «Entré en Ketama en el segundo disco, con una colaboración en dos temas. Estaba ahí pero era como un miembro fantasma, eso fue en 1985, tenía catorce años». Josemi remarca mucho su edad para explicar el prisma que tenía

40 A. Baranda, «Porrina, el icono flamenco de Badajoz», *Hoy,* 29 de agosto de 2020.

entonces. «Date cuenta de la diferencia de edad que tenía con mi hermano Antonio, él tenía veinte años y Juan tendría veinticuatro, la diferencia era bastante fuerte, entonces yo ahí era todavía como un miembro no formal del grupo». No fue hasta la publicación de su tercer trabajo, *Songhai,* que cambió el panorama. Ese disco tuvo su origen en un encuentro en Londres que fructificó en Madrid con un acuerdo entre Ketama y músicos malienses, entre ellos Toumani Diabaté.[41] Esa alianza fue fundamental para el devenir de Josemi en la banda. «Una de las personas que me dio más fuerza fue Toumani, porque en el siguiente disco de Ketama, *Songhai,* pusieron un ensayo en casa de mi abuelo. Yo fui de oyente porque la grabación iba a ser en Barcelona y no podía ir por motivos de presupuesto. Pero en un momento *dao* me puse a tocar con Toumani y dijo: "¡Pero cómo que el chaval no viene si tiene un nivel increíble!". Y entonces se habló con Mario Pacheco de Nuevos Medios y se cambió para que la grabación se hiciera en Madrid y yo pudiera estar. A partir de ahí empecé a tomar un poquito más de fuerza en el grupo», cuenta Josemi con un verbo modulado, donde cada frase cuenta tanto como la anterior. La fusión de la guitarra flamenca con la kora maliense funcionó y fue el principio de una amistad que se mantuvo hasta la muerte del músico africano en julio de 2024.

Con Toumani Diabaté estuvo varias veces en la cueva del Candela. No fue el único músico que lo acompañó, también estuvo con Slash, el guitarrista de la banda estadounidense de rock Guns N' Roses, y con otros muchos artistas internacionales. «Se hacían fiestas cuando venía gente de fuera, se acercaban a ver qué pasaba ahí. Porque sabían que había un

41 M. Gendre, «"Songhai", el Malí gitano de Ketama y Toumani Diabaté», *El Salto,* 26 de octubre de 2018.

movimiento popular importante entre los músicos, quizás a nivel más de público no, pero la gente de la cultura sí sabía que era un punto de encuentro básico en ese momento, donde estaban pasando cosas muy interesantes. Sabían que por ahí andaban Paco, Camarón, Enrique, mi padre, Ketama, el Ray. Y era un punto de encuentro de los guitarristas, Riqueni, Gerardo…». Josemi era además el hijo de Pepe Habichuela, una de las columnas vertebrales del garito. «Mi padre era accionista a nivel ideológico. Él siempre ha sido un punto de unión entre las generaciones por su humor, por su apertura mental y musical. Creo que ahí, en esos años, él estaba en su momento de madurez y era muy fiestero. También porque a mi padre le gusta mucho escuchar el arte y las risas. En el Candela era un personaje súper habitual». Después de *Songhai,* para Ketama vendrían tiempos de miel y rosas: en 1995 publicaron *De akí a Ketama,* grabado en directo en los estudios Cinearte de Madrid. Dos temas se convirtieron en auténticos himnos: «No estamos lokos» y «Vente pa' Madrid». El álbum vendió más de medio millón de discos. La lista de colaboraciones en ese trabajo es espectacular. Se publicó en el sello Mercury, parte de la multinacional Universal, y fue la propia discográfica Nuevos Medios la que les alentó a llegar a más público con una producción más grande. Lo consiguieron, el país se puso a sus pies. En el Candela los dos temas se tatuaron a fuego, incorporándose a una lista de reproducción donde sonaba todo lo que publicaba el personal habitual, empezando por Enrique Morente y Pepe Habichuela con el disco *Despegando.* «Yo creo que el "Vente pa' Madrid", aparte de la frescura musical que tuvo, fue el primer acercamiento a la música latina de ese momento. Tiene la gracia de la historia, de hablar de una cosa tan sencilla como es que se ha ido un primo tuyo fuera de tu ciudad y le decimos que se venga, que queremos tomar unos cubatillas con él. Eso le llegó a la gente. Me acuerdo que en un programa de la tele me dijeron los Hombres G que cómo podía ser que llegara a tanta gente un mensaje tan sencillo. Pero es que claro, también era lo que significaba en ese momento Madrid para nosotros».

El éxito de público se mascaba desde antes de lanzar ese trabajo, era un runrún que se veía venir desde años antes. Mario Pacheco los definió como «los Beatles del flamenco». En 1990 actuaron como teloneros de la gira de Prince por España. Así lo anunciaba Javier Pérez de Albéniz en las páginas del diario *El País:* «Ketama, que acaba de llegar de Estados Unidos, donde ha participado en la Noche Española, del New Music Seminar, junto a Camarón y El Último de la Fila, comenzará sus actuaciones a las nueve de la noche. Finalizará cuarenta y cinco minutos después, quince antes de que Prince aparezca en el escenario».[42] Josemi Carmona, que ha colaborado desde entonces con multitud de artistas, entre ellos Paco de Lucía, Alejandro Sanz, Jorge Pardo o Dave Holland, tiene un recuerdo «imborrable» de ese momento: «Tocar en el Vicente Calderón, el estadio Luis Casanova de Valencia y el estadio de Montjuïc de Barcelona con Prince fue cumplir un sueño. Recuerdo después del concierto la sensación de terminar agotado, de ver un estadio lleno de gente que ya empezaba a cantar el "Vente pa' Madrid", que compusimos Antonio y yo. Aquel concierto nos impactó bastante, fue muy fuerte tocar con este hombre, verle ahí en directo, una sensación increíble».

Ese tiempo de éxitos tuvo momentos de alegrías, pero también de desgarros y penas. El 17 de julio de 1991 falleció Ray

42 J. Pérez de Albeniz, «El grupo Ketama será telonero de Prince en Madrid, Barcelona y Valencia», *El País,* 19 de julio de 1990.

Heredia poco después de publicar su disco *Quien no corre, vuela.* Con veintisiete años, la edad maldita de varios genios de la música internacional que murieron demasiado pronto, Ray fue víctima de una pandemia muy extendida entre los jóvenes del momento. «La droga hizo mucho mal al flamenco y a la sociedad —cuenta Josemi manteniendo el tono reflexivo de toda la conversación—. Aquello fue una sensación de pérdida tremenda, pero no solo con Ray, también estaban El Zaida y más gente. En el caso de Ray su éxito discográfico ha hecho que todavía esté reconocido, pero fue una pérdida muy fuerte para la música. Recuerdo ir a jugar con él al fútbol a la Casa de Campo, también cuando salió su disco ir juntos para que lo pusieran en Los Gabrieles o en los bares de moda del Madrid de entonces. Era un personaje muy claro, te decía las cosas a la cara, sin pelos en la lengua». Y añade sobre esta figura todavía admirada en el mundo de la música: «Yo tenía una afinidad con él, me inspiraba mucho, a pesar de que yo era más joven. Siempre me decía que me veía en un espacio muy bonito y que eso me unía a él». En ese punto de la conversación entra en juego el paso del tiempo y el debate sobre la melancolía de aquellos días. «Para nosotros el Candela fue un cambio en el flamenco muy fuerte. En la música y en lo que ha significado el flamenco para España. Creo que el Candela era un centro donde se volvió a reconocer al flamenco. Lo recuerdo con un poco de añoranza, pero a la vez con la alegría de haberlo *disfrutao.* Ver a Enrique Morente ahí jugando al ajedrez, con muchas risas, estar en el futbolín con Miguel… Es una mezcla de sensaciones, las cosas importantes en la vida son así, es como perder a alguien querido, a veces te produce una mezcla de nostalgia y una mezcla de alegría por haberlo conocido, una parte de eso va a estar vivo mientras se le recuerde».

El concierto al día siguiente en las bodegas de Cambados es un éxito. Anochece en la ría mientras se desarrolla la actuación al aire libre y el sol se esconde en el horizonte. Está abarrotado y el baile del Yiyo cautiva a los presentes, en general poco acostumbrados a la solemnidad del flamenco y a la fuerza estilística del baile. Lo que está ocurriendo en el escenario de espaldas a la ría de Arousa tiene un poderío y una trayectoria enorme. El Yiyo taconea hasta reventar y el público le devuelve aplausos a raudales. Estrella Morente, dueña de la situación, recoge elogios, está atenta a cada detalle dentro y fuera del escenario. Con majestuoso saber hacer, Estrella está curtida por muchos años de carrera, desplegando un legado y una personalidad que es marca de la familia a la que pertenece. Josemi Carmona, Montoyita, Paquete, Piraña, David de Jacoba, Moisés y Rubén Fernández también están *sembraos*. Entre el público hay palmas al compás y otras que no. En el escenario, la sintonía entre los artistas funciona con solo mirarse. Se conocen de sobra, han compartido muchas horas, han pisado tablas de los cinco continentes. Entre bambalinas la organización destaca el buen hacer de todos: «Aquí vienen muchos artistas y no es lo habitual portarse así de bien». Lo dice alguien con galones dentro de la bodega que ha asistido a todos los conciertos que allí se celebran. La noche termina redonda, con visitas de familiares y admiradores al camerino. Hay fotos y abrazos, también conversaciones sobre horarios para nuevos destinos, cada cual con su propia ruta. Cuando Estrella Morente llegó el día antes al pazo Almuiña y vio a todo el elenco reunido en corro en los jardines, con los instrumentos en la mano, las fundas de las guitarras cerca y las bebidas fresquitas en la mesa, lo primero que dijo fue: «¡Qué bueno veros a todos juntos! ¡Esto parece el Candela!».

LA PLATERÍA

Israel Fernández nació en 1989 en Corral de Almaguer, provincia de Toledo. El cantaor es una pieza destacada cuando se habla de los jóvenes flamencos actuales. El encuentro para la conversación es el 13 de abril de 2024 en la Peña La Platería de Granada, fundada en 1949, la más antigua de España. El local es un edificio blanco espectacular, situado en lo alto del barrio del Albaicín, con una vista privilegiada de la Alhambra. En el interior, las paredes están abarrotadas de retratos de flamencos de todas las épocas. Destaca entre todos Enrique Morente. La peña tuvo la virtud de crearse durante la dictadura franquista, cuando estaba prohibido por ley asociarse. En la profusa historia que cuentan en su página web señalan: «Al ser la primera Peña Flamenca en crearse, se inicia con ella y marca las pautas al, *a posteriori,* tan importante movimiento peñista, que daría lugar al nacimiento, sobre todo entre las décadas del 60 y 70, de numerosísimas peñas flamencas por toda Andalucía y gran parte del territorio nacional e inclusive otros países de Centroeuropa». A Israel el lugar le produce respeto, dice que todo lo que ponga en valor la historia del flamenco le parece «imprescindible». El cantaor tiene la virtud de dominar los cantes, se nota que ha crecido escuchando, investigando y nutriéndose. En su atmósfera sonora hay horas de radio, discos, grabaciones con el móvil y buenas noches flamencas. Su gesto y porte están recorridos por muchas entrañas, atravesados por muchas corrientes, desde Camarón a Morente, de La Niña de los Peines a Porrina. Tiene la virtud de llegar a cantes que apenas se visitan, lo hace por derecho, con profundidad, sin casi despeinarse. También es capaz de llevar entre risas y colegueo al mismísimo Michael Jackson al flamenco. «Yo no puedo dejar de ser cantaor nunca», dice en un vídeo que circula por redes. Tiene mano, porte y voz, se le nota de los pies a la cabeza. Con un metal gitano personalísimo, su respeto por el arte no tiene que ver solo con lo que ocurre sobre el escenario, también incluye todos los hábitats del flamenco. Entre 2023 y 2024 Israel Fernández realizó una gira por peñas flamencas junto al tocaor aficionado Antonio «El Relojero», nacido en el madrileño pueblo de Colmenar de Oreja.

Las peñas son un reducto de compromiso con la música. Lo que allí se mueve es otro aire: el de la escucha, el conocimiento y el respeto. Antes de la velada en Granada, realizan la prueba de sonido, un buen momento para sondear las sensaciones. La pareja tiene sintonía, se miran y se aprecian. Cada uno en lo suyo y con lo suyo se sueltan a probar: cantes de levante, fandangos, bulerías, mineras, malagueñas... Israel Fernández domina a la perfección y El Relojero le sigue, le dialoga con temple y precisión. La propia de su oficio, que aplica al toque desde que comenzó a rascar con doce años una guitarra que fue de su padre. A partir de ese descubrimiento nunca más se alejaría del instrumento, compañero fiel de sus fatigas existenciales. El Relojero sonríe entre acto y acto, su humildad proyecta jondura. «Antes el guitarrista ni salía en los discos», dice con media sonrisa a sus sesenta y ocho años. Con aire y percha de viejo galán de película italiana suspira y continúa su arenga sentado en el patio de La Platería: «Estamos en una tierra que ama el flamenco, sabe lo que escucha. Aquí dicen que les recuerdo a Manolo de Badajoz porque, claro, han *escuchao* discos de los antiguos». Ese saber le gusta, habla entonces de La Niña de los Peines, del toque y de los tonos, remata mirando a su compadre: «El flamenco no se acaba».

El cantaor toledano de origen andaluz tiene mirada de pasado, presente y futuro. El Relojero y él se conocieron cuando Israel tenía once años, vencedor del programa *Tu gran día* de TVE. Más adelante, siendo todavía un chaval, lo eligió de casualidad para que lo acompañase en un concurso de una peña, donde volvió a ganar el primer premio. Hubo que esperar quince años hasta que se encontrasen de nuevo en esta gira. La idea se venía fraguando desde hacía años, pero El Relojero no salía de su pueblo porque tenía que cuidar a su madre enferma. Tras el duelo vino el reencuentro. Un alto en el camino, un volver a la esencia. Israel lleva publicados cinco trabajos; en 2020 triunfó con el disco *Amor,* con Diego del Morao a la guitarra. *Amor* entró en el top 7 de ventas, fue galardonado con el premio Odeón como mejor álbum de flamenco y figuró en las listas de los mejores de 2020 en medios como *Rockdelux, Mondo Sonoro* o *El País.* La revista *GQ* incluyó a Israel Fernández en su lista de los veintiún músicos con mayor proyección del planeta. En 2023 publicó *Pura sangre,* que incluía el tema «Al tercer mundo», también con Diego del Morao a la guitarra, una bulería compuesta por él mismo que hace un alegato contra las injusticias y la desigualdad. En la revista *Zoco Flamenco* explicaba cómo surgió el tema: «Un día estaba viendo la televisión y me saltó un anuncio para ayudar a los niños de África y lo quité porque me daba mucha pena ver eso… Al cambiar de canal me salió directamente una noticia de que la NASA había mandado una sonda espacial para buscar no sé qué planeta, con un gasto de millones de dólares. En ese momento me vino la primera estrofa: "El tercer mundo lo llaman como si aquí no estuviera. Después se gastan fortunas en buscar otros planetas"».[43] El vídeo se grabó en el campo de chabolas de Atochares, en Almería, donde viven personas migrantes que trabajaban en los invernaderos y en oficios mal pagados y precarios. Un vídeo y una canción que son un llamamiento contra el racismo y a favor de la justicia social. En la revista de música *Mondo Sonoro,* David Pérez reseñaba como una «sentida declaración de principios» una estrofa de Israel en «Caminos y vereas», otro tema del disco *Pura sangre.* En él Israel Fernández reivindica a los miembros de su familia gitana que se rompían las manos haciendo canastas con tiras de caña y vendiéndolas de pueblo en pueblo. El cante dice: «Ellos fueron esclavos para que hoy tú seas libre. No te olvides de dónde vienes, llévalo siempre por bandera».[44] El álbum se llevó el premio a mejor obra flamenca de la Academia de la Música de 2024.

Unos días antes de la cita en La Platería, el periodista Antonio Sevilla reseñó en el *Diario de Almería* el concierto que Israel y El Relojero dieron en la Peña El Morato, en el barrio del Quemadero, el 4 de marzo de 2024.[45] En su crónica avisaba que acudía desconfiado: «Las dudas se disiparon tras el primer tercio de la soleá con la que abrió su excelso recital, pleno de conocimientos, buen gusto y personalidad

43 «"Al tercer mundo", de Israel Fernández, un grito contra las injusticias», *Zoco Flamenco,* 6 de marzo de 2023.

44 D. Pérez, «Pura sangre», *Mondo Sonoro,* 9 de junio de 2023.

45 A. Sevillano, «Israel Fernández triunfa en El Morato», *Diario de Almería,* 5 de marzo de 2024.

arrolladora». Y añadía a continuación: «No descubro el Mediterráneo al afirmar que estamos ante una figura de las que marcarán época, que ya la está marcando». Además de El Morato de Almería y La Platería de Granada, la gira incluyó una actuación organizada por el Círculo Flamenco de Madrid en el teatro Alfil, las peñas Fernán Núñez y El Almíbar de Córdoba, La Buena Gente de Jerez y Casabermeja de Málaga. Siete lugares con poso, donde se exige. «Las peñas en el flamenco tienen un valor fundamental porque de ahí se hace una escuela muy bonita, también se crea una buena afición y de alguna manera uno se obliga a tener los pies en el suelo». Lo cuenta eligiendo cada palabra para que encaje en su lugar con coherencia, se explica sin altanería y se incluye en la ecuación: «En las peñas yo me siento más libre, me siento en mi casa porque es de donde yo vengo». Habla con conocimiento: «No canto por nada material, el flamenco es una forma de vivir. Este disco son cantes de inspiración». Sobre su compañero, el veterano tocaor, sentencia que posee «un toque con mucha *verdá*». Tradición y vanguardia marcan el camino de Israel Fernández, en un recorrido donde el flamenco lo es todo: «A mí me gusta la música en general, por supuesto, lo que pasa es que el flamenco me tiene *envenenao,* porque su aprendizaje es infinito. No puedo irme a otro *lao.* Yo he *escuchao* mucho, pero que mucho cante». Su nombre arrastra reconocimientos, su trayectoria profesional tiene brillo. Israel vivió un tiempo en Lavapiés, conoce la zona, también el Candela. «Todas las alegrías las he vivido en Madrid, porque yo por ejemplo he vivido en la calle Tribulete y luego en la misma calle Lavapiés. Por allí han vivido los Romero o José Maya con su familia. No me dio tiempo a ver lo potente de esa época, porque soy joven, pero sí que tuve un poco de vivir bien Casa Patas y también de ir al Candela, que yo iba ahí con doce o trece años». Se ha perdido mucho, explica, pero cree que Madrid sigue siendo un lugar especial en el mapa flamenco. «Madrid tiene mucha cultura musical, las mejores fiestas se han hecho allí. A veces nos hemos *juntao* en Madrid Farruquito de Sevilla, Diego del Morao de Jerez, el bailaor José Maya que es de allí y otros guitarristas, la gente de Estrella, de Granada... En esas fiestas se aprenden cosas que no se pueden aprender ni estudiar en otros sitios».

El Relojero escucha atento a su compañero antes de intervenir. «Ya don Antonio Chacón se fue a Madrid porque era la catedral del flamenco», apunta el veterano tocaor. *Aficionao* de los pies a la cabeza, la suya es la representación de la meticulosidad en la escucha, de una relación íntima con la guitarra sin esperar nada a cambio, de la veneración por el cante como el elemento más determinante del arte flamenco. Dice que incluso mientras sus amigos del pueblo descubrían asombrados a los Beatles y le animaban a unirse a ellos, él seguía profundizando, solitario, en el flamenco. «Hay que escuchar mucho cante, saber cómo va eso. Y luego, eso sí, entre copla y copla meter alguna falseta, pero vamos, no meterse a hacer un solo de guitarra porque el cantaor es la figura». En la crónica del recital en la Peña El Morato para el *Diario de Almería,* Antonio Sevilla describía la impresión que le causó el guitarrista: «El mérito de tan extraordinaria velada no fue solo del joven cantaor, compositor y músico enraizado en Andalucía. Al éxito rotundo coadyuvó —y de qué manera— Antonio El Relojero, un veterano guitarrista madrileño prácticamente desconocido por estos lares sureños. A imagen de los más grandes tocaores para acompañar. Tono y ritmo. Con mesura y sin carreras. Con elegancia y sin estridencias. Añejo. Con falsetas brillantes y breves, en el momento preciso y sin importunar al cantaor. Teniendo siempre en cuenta que el cabeza de cartel era Israel y él su banderillero… Pero señores, ¡qué banderillero!». El Relojero sonríe con gesto de película de cine negro americano cuando escucha las alabanzas y no se apea de su relato calmado. Para él, los grandes, además de Manolo de Badajoz, fueron Sabicas o Paco de Lucía. Del último, apunta: «Apaga y vámonos, era una cosa de otro mundo».

Ahora es Israel el que escucha y asiente. Interviene cuando se menciona al guitarrista de Algeciras y empiezan a brotar las comparaciones. La conversación se ha animado y entran más voces que remolonean la mesa en el patio de La Platería. Inevitablemente al estar en Granada, se menciona a Morente. Un debate que sigue presente en muchas conversaciones flamencas sobre la fidelidad de su trabajo a la pureza del arte. «El maestro Enrique cuando hizo *Omega* es porque sabe perfectamente el camino del flamenco, él va y vuelve cuando quiere. La senda se hace andando», apunta Israel Fernández. Y remata tajante advirtiendo a posibles críticos: «Cuando uno va con *verdá* tiene que respetarse por ley». El cantaor ahora no suelta la palabra y continúa. «En el cante hay que escuchar, hay que tener en cuenta la base del flamenco que está muy bien hecha, hay que escucharlo diariamente. Si alguien quiere aportar tiene que tener la afición dentro del corazón. Lo suyo es saber de dónde viene y a partir de ahí aportar, sin destruir la estructura, porque la afición trae el oído».

La gira que hizo la pareja finalizó con un disco grabado en directo: *Por amor al cante.* El LP tiene tarantas, soleás, granaínas y seguiriyas. Cierra el trabajo con «Yo voy a perder el sentido», un fandango. «El amor es lo que mueve el mundo, también lo más *sufrío*», dice Israel Fernández cuando se le pregunta por ese tema. Ya su álbum *Amor* se abría con «Alegrías de Santa Ana». La letra y la composición del tema son suyas. Está dedicado a la plaza donde se coció durante años buena parte de la vida flamenca madrileña, el epicentro de una movida sobre la que se ramificarían muchos locales, incluyendo el Candela. «Como ya hay tantas alegrías grabadas, tantas cantiñas con tantas variaciones, yo hago una pequeña variación y me expreso en lo que yo viví en Madrid. Porque yo a la persona que amo la llevaría a la plaza de Santa Ana y a la *puertecita* del Sol, como digo en la letra que escribí». Aunque matiza: «Luego me arrepentí y en vez de decir la Puerta del Sol debería haber dicho la escuela de Amor de Dios, que es más flamenca», dice entre risas. Israel Fernández termina en el patio de la Peña La Platería con una declaración que, advierte, no dice por decir, sino que asegura que le sale de sus adentros: «En Madrid se hacen los artistas, mira Camarón. Madrid es mi segunda casa y así lo siento».

FIN DE FIESTA

El 30 de septiembre de 2022 se celebró en el Ateneo de Madrid una conferencia que llevaba por título «La movida flamenca: Mario Pacheco y Nuevos Medios». La cita era para hablar del impacto del productor madrileño y su sello discográfico en el devenir del flamenco y de esa generación de músicos que empezó a arremolinarse en la cueva del Candela y más tarde viajó por todo el mundo difundiendo su arte. Mario Pacheco fue uno de los artífices de ese despegue, nació en Madrid en 1950 y murió en la misma ciudad en 2010. Su nombre y su alargada sombra son referencia inexcusable a la hora de hablar del flamenco que proyectó su compañía de discos en la primera etapa, a partir de 1982: Pata Negra, Ketama, La Barbería del Sur, Tomatito, Martirio, Kiko Veneno, Ray Heredia, entre muchos otros, publicaron sus trabajos con Nuevos Medios. En la mesa del cónclave estaban el periodista Pablo Sanz, el músico y colaborador del sello Teo Cardalda, los tocaores Gerardo Núñez y Juan Carmona, además de Juan y María Pacheco, hermano e hija de Mario Pacheco. María es la actual directora de la discográfica. Moderaba el acto Pedro Calvo, periodista madrileño mordaz, gran aficionado y coautor de varios libros sobre flamenco.

Contaba Juan Pacheco: «Estos jóvenes flamencos fueron los que más salieron, los que más viajaron y los más apreciados en todas partes». Y añadía el hermano de Mario Pacheco sobre una galería de fotos que habían expuesto con parte del archivo de Nuevos Medios: «Por eso podemos ver una foto de los Pata Negra con Ceesepe en Nueva York, podemos ver a Pepe Habichuela en los estudios de *We are the World* de Peter Gabriel, podemos ver a los Ketama que volvían de Londres leyendo la revista *Melody Maker,* en donde se glosaban los estupendos *shows* que habían dado». Para Juan Pacheco, que vivió todo aquello en primera línea, de aquel tiempo hay un elemento importante que recordar: «Ya que se habla tanto de la Movida madrileña, en esta ocasión vamos a hablar de la movida flamenca, cosa coetánea que ocurrió en los mismos años, en otros circuitos probablemente, pero que estaban conviviendo». Un ambiente en el Madrid de los ochenta donde todo se cruzaba y mezclaba, podía ser en el Rock-Ola, el colegio mayor San Juan Evangelista o en el Candela. «Era un potaje de muchas cosas porque era muy curioso ver cómo los músicos pop se juntaban con los flamencos, se producían, tocaban en sus discos. Además, artistas de la Movida como Ceesepe hacían las portadas», añadía Juan Pacheco.

De aquel tiempo de mezclas en principio extrañas nació Nuevos Medios en 1982, creada por la pareja que formaban Cucha Salazar y Mario Pacheco. La discográfica capitalizó una forma nueva de proyectar la imagen del flamenco joven, que se etiquetó como «nuevo flamenco». El logo de la discográfica lo diseñó Joan Miró, simbolizando una caligrafía disonante para referirse a lo que ahí se estaba produciendo. Un viento de libertad musical con toma de tierra en los bares y salas compartidas por una generación de flamencos que reivindicaba la necesidad y la voluntad de expandirse. Nuevos

Medios fue también pionera en la edición en nuestro país de músicas fuera de los márgenes comerciales masivos. Cucha Salazar y Mario Pacheco editaron clásicos cubanos que no habían perdido calidad, al contrario. Recuperaron a Beny Moré, Bola de Nieve, El Trío Matamoros o María Teresa Vera, nombres totémicos de una época dorada de conexiones transatlánticas con América Latina, especialmente con Cuba. También produjeron a bandas de la Movida como La Mode o Golpes Bajos, de la que formaba parte el propio Teo Cardalda junto a Germán Posse. Publicaron un recopilatorio espectacular de Chabuca Granda y por el catálogo del sello han pasado artistas como Las Migas, Mayte Martín, Vainica Doble, Martirio, Miguel Poveda y la incomparable Chavela Vargas. Fue también la discográfica con la que grabó su último disco el ácrata Chicho Sánchez Ferlosio. Por si fuera poco, colaboraron con algunos de los mejores sellos de la época en Europa, como la alemana ECM o las británicas Factory y Hannibal Records. Con esta última grabaron dos volúmenes del antes mencionado *Songhai,* el proyecto entre Ketama y Toumani Diabaté que combinó sonidos flamencos con música de Malí.

En la conferencia del Ateneo se habló del ambiente de trabajo con el que empezó la andadura del sello, se recuperaron intrahistorias, se explicó su filosofía. El propio Mario Pacheco, contó Pedro Calvo, dio la mejor definición a la vez que describía su mentalidad respecto a la música y las personas que la practican: «Yo tengo la impresión de que el auténtico revolucionario no quiere ser la figura de la revolución. Quiere que las cosas sucedan aunque no te coja vivo». Una declaración de intenciones que hablaba de un método guiado fundamentalmente por el fervor artístico. Cucha y Mario crearon algo más que una discográfica, generaron un hábitat musical. Al comienzo de la charla, Pedro Calvo señalaba agradecido que se creara ese firmamento «revolucionario» del que hablaba el histórico productor. Calvo definía así Nuevos Medios: «Un sello discográfico independiente que ha sido modélico y hoy es una referencia mítica, con un trabajo extraordinario para la historia de la música española». Juan Carmona, El Camborio, explicaba lo que distinguía a la pareja de productores: «Les gustaba mucho la música, algo que hoy no ocurre». Y añadía a modo de sintética aclaración: «Hoy todo el mundo va a ver si saca dinero, a ver si es el más guapo». Con Ketama, cuenta El Camborio, primero presentaron a través de Paco de Lucía su maqueta a la discográfica Ariola, «que nos mandó a la calle dos veces». Tras aquella experiencia frustrante le dieron la maqueta a Mario Pacheco, estaban desanimados. El carismático productor los llamó a la mañana siguiente: «Quiero esto. Vamos a grabar ya», les dijo. «Teníamos veinte o veintiún años y nos subíamos por las paredes como Spiderman», decía entre risas El Camborio. Después de grabar el primer disco, en 1985, Mario Pacheco los llevó a Londres para actuar en un par de clubes. Allí conocieron a Joe Boyd y a Toumani Diabaté, con quien formarían una alianza que fructificó luego de manera brillante en *Songhai.* De Londres regresaron con las buenas críticas de varios medios británicos, entre ellos *The Times.* «A partir de ahí es cuando empezamos a llenar aquí», explicó el Camborio en la conferencia del Ateneo. Ketama acaparó portadas, ganó espacio en los medios y abarrotó estadios y salas de conciertos. Despegó definitivamente con sus sonidos flamencos y su éxito fue tremendo.

El homenaje a Nuevos Medios se completaba al día siguiente con un concierto de Carles Benavent, Javier Colina, Jorge Pardo, Josemi Carmona y Bandolero, que actuaban con el nombre de Superbanda de Mario. Para el evento, además, se presentaban con la colaboración especial de Pepe Habichuela y Silvia Pérez Cruz. Una propuesta musical que surfeaba entre los sonidos del jazz y el flamenco. El jazz fue otro de los activos novedosos de Nuevos Medios. El periodista Pablo Sanz —que era miembro del San Juan Evangelista, uno de los epicentros de la mejor programación musical de la ciudad durante años— señaló en el encuentro del Ateneo: «Las dos músicas más reconocibles del San Juan eran el jazz y el flamenco. Oía que Mario estaba haciendo una revolución en el flamenco, pero siempre le veía en los conciertos de jazz. Esa revolución que habían comenzado Paco de Lucía, Camarón o el propio Morente, lo que Mario Pacheco logró fue universalizarla y democratizarla. Hubo un momento en el que todo el mundo veía que se podía hacer un disco». Y prosigue Sanz explicando el terremoto que supuso en su vida la unión de ambos géneros: «El jazz flamenco tuvo una repercusión en el jazz español evidente, porque nos despertó, nos abrió los ojos». El periodista añadía una última consideración a partir de una conversación que tuvo una noche con Dick Angstadt, propietario del añorado club Bogui en Chueca que programó jazz semanalmente de manera ininterrumpida durante quince años. Angstadt le dijo a Pablo Sanz, unos días antes de cerrar definitivamente el Bogui: «Sabes, Pablo, cada vez estoy más convencido de que el jazz tiene que ver más con la vida que con la música». Y, tras una breve pausa, Sanz señalaba: «Mario se podría reconocer en esa reflexión porque para él la música era como el respirar o el comer».

Esa forma de «respirar» individual y colectivamente estuvo presente en la vetusta sala principal del Ateneo, cargada de historia desde 1884. Se recordó con afecto el particular ambiente de la sede de Nuevos Medios cerca de la Puerta de Alcalá, el buen gusto para diseñar los discos, la importancia trascendental de un personaje singular y genial como Ray Heredia. También cómo fue Cucha la que llevó a Mario al flamenco, las conexiones con diferentes músicas, la particular personalidad y «el pellizco» en el cante del Indio Gitano y la importancia de la convivencia entre músicos a la hora de producir en un ambiente de trabajo sano, con voluntad de conspiración colectiva. El guitarrista del Indio Gitano en el disco que editó Nuevos Medios fue Gerardo Núñez, presente también en la mesa. Guitarrista de Jerez, íntimamente ligado al Candela y a Miguel Aguilera, su nombre tiene un peso sólido en la escena internacional de la guitarra flamenca. Núñez explicaba con acento jerezano cuál era la clave de toda esa maraña de experiencias: «El Candela fue el origen de todo esto que se está hablando. Cuando se está hablando de flamenco la palabra "Candela" es muy importante, tiene mucho peso. Y si la palabra Candela es muy importante, la palabra guitarra es más importante todavía. Porque dio la casualidad de que todo esto nace de un intercambio oral de artistas que venían de todas las provincias de España con sus ideas, con sus inercias, con sus fantasías». Y proseguía con énfasis el tocaor en referencia a los primeros años del bar de Miguel Aguilera: «En el Candela por esa época confluíamos artistas como Rafael Riqueni, Cañizares, Viejín, David Cerreduela... Todos los guitarritas que tenían algo que decir tenían que venir a Madrid, no había otra solución, no había otro destino». En ese primer tiempo del Candela él dormía en una pensión próxima al Rastro por la que apenas paraba; lo importante bullía fuera. «Dimos con un lugar, con un enclave que nos permitía esa transmisión de conocimientos que era el Candela. Tenía una cueva abajo que todas las noches todos los guitarristas de Madrid después de salir de los tablaos íbamos al Candela. Hasta tal punto, que a veces la barra del bar estaba llena de guitarras. Y claro, la cosa se alargaba y al día siguiente, cuando abrías el estuche, resulta que tu guitarra era la de otro. Todos conocíamos las guitarras y nos llamábamos luego». El guitarrista, que ha tocado en escenarios de todo el mundo, explicaba cuáles eran los dos vectores fundamentales que movían a la gente que se juntó allí, en esa época de convulsiones de todo tipo: «La pasión y la disciplina». Todo eso lo supo ver Mario Pacheco, explicaba Gerardo Núñez, que terminaba con un paralelismo sobre la «magia» del Candela: «Allí todo el mundo reivindicaba una falseta. Era una especie de Meca, un lugar al cual ir alguna vez en tu vida».

Esa atmósfera que contaba Gerardo Núñez en el Ateneo la vivió en primera persona Rosa, la hermana pequeña de Miguel Aguilera. El encuentro con ella es el 18 de julio de 2024 en la Puerta del Sol de Madrid. Rosa participa con frecuencia en las rondas que los jueves se hacen para reivindicar la Segunda República y la memoria de las víctimas de la Guerra Civil enterradas todavía en cunetas y fosas comunes, bajo la capa de arena del anonimato. Aprieta el calor en el kilómetro cero de Madrid y los convocados no superan el centenar con una decena de banderas. Abundan las canas y las personas mayores. La fecha es señalada, es el aniversario del golpe militar de 1936. Hay varios turnos de palabra. El portavoz de la convocatoria, después de secarse el sudor de la frente, señala en voz alta a través de un micrófono: «Reclamamos la verdad, justicia y reparación de las víctimas de la guerra y del franquismo». A su alrededor revolotean miles de turistas que no entienden bien de qué trata el acto. Rosa está allí presente como abanderada de la lucha contra la infancia robada, la situación de muchas familias, especialmente madres, a las que se les quita la custodia de sus hijas e hijos en muchos casos «por el único delito de ser pobres». Una situación injusta que se dio en el franquismo y que, asegura, se sigue produciendo en democracia. A pesar de los golpes, Rosa es una mujer alegre y luchadora, trasmite energía. La acompaña en la concentración su hija Candela, sobrina de Miguel. Tiene diecisiete años y escucha música punk, dice que le gusta la banda mostoleña Non Servium. También le gusta oír hablar de su tío y escucha atentamente lo que dice Rosa: «A mi hermano le gustó el flamenco desde siempre, desde muy chiquitito. Siempre estaba dando palmas, escuchando a Mairena o escuchando a Antonio Molina, La Niña de la Puebla y los antiguos, que eran los que le gustaban a mi padre. En casa nos criamos escuchando flamenco, pero el que más sacó la afición fue él», dice Rosa. Miguel era hijo de Octavio y Gloria, el mayor de cinco hermanos: Manolo, José, Octavio y «la menúa», que era como llamaba a la pequeña de la familia. En su cabeza siempre estuvo la idea de tener un local dedicado a la música que le atrapaba. «Él siempre decía que quería tener un sitio de flamenco, pero parecía una idea de chaval. Aunque le veías que sí, que iba a sitios de flamenco, le oías también cantar de vez en cuando, pero ahí se quedó», cuenta Rosa con gracia. La familia se trasladó a vivir a Madrid cuando los críos eran todavía pequeños. Rosa detalla el ambiente que había en su casa con alegría en los ojos, también habla de cómo Madrid les encandiló desde que llegaron. «Miguel me llevaba a todos los sitios, me acuerdo la primera vez que fui al Alcalá Palace a escuchar tarantos, me metió por la puerta de artistas y me sentí tan importante estando allí…». Y prosigue tras una pausa: «En los primeros años, cuando cerrábamos el Candela íbamos al parque del Retiro y nos colábamos en las barcas. Robábamos una y nos dábamos una vuelta. Ver la luna en el lago, subidos en una barca, era alucinante… hasta que nos pillaron», dice entre risas. En 1982 Miguel era sindicalista en la empresa Barreiros Diésel s. a., una industria española de producción principalmente de motores, camiones, tractores, autobuses y posteriormente automóviles. Cuenta Rosa que venía de estar muy perseguido por su actividad política y le recomendaron que cogiera un plan que había de reconversión laboral con indemnización si se iba. Le dieron dos millones de pesetas —doce mil euros—, una cantidad importante por aquel entonces. Con ese dinero cumplió su sueño. «Todo cuadró. Se puso a buscar local como un loco, al principio decía: "¡Me ha dado una ventolera!", y pensó en llamarlo así: La Ventolera. Pero un día nos dijo muy solemne: "No, se va a llamar Candela, porque yo siempre he tenido dentro el fuego del flamenco". Y así se quedó».

La familia se implicó en el proyecto de Miguel desde el primer día. Según Rosa, el local había sido ultramarinos y floristería antes de bar. Sobre las desavenencias entre Miguel y la Peña Chaquetón no recuerda bien qué pasó, lo dice desde el profundo respeto, sin querer remover el pasado. «Yo era un poco la niña en la sombra, andaba siempre por allí, había un cuarto donde nos podíamos echar a dormir. Ahí nos tirábamos muchas noches. Estudié en el instituto San Isidro, cerca de la Plaza Mayor, y según salía iba para el Candela. A veces con mis amigas o para celebrar un cumpleaños o una fiesta. Y luego Miguel nos pedía recoger porque iba a abrir. Siempre estábamos allí, mi madre la que más». Rosa nació en 1969, su hermano le llevaba diez años. «Mi madre se sentaba siempre en la primera mesa, al lado de la puerta. Ella tenía un sexto sentido y según entraba la gente, la calaba. Muchos días hacíamos tortillas o bocadillos de bonito para los que estuvieran, porque a veces igual estábamos diez personas. Y a lo mejor los diez tenían las guitarras apoyadas en la barra». Pero recuerda que pronto empezó a coger fuelle. «Fue un centro de reunión del flamenco, donde los artistas jovencitos se juntaron y crearon. De la cueva salió El Potito, La Barbería del Sur, Ketama… Todos ellos eran los niños que estaban todo el día en el Candela mamando flamenco. Sus familias les dejaban ir porque sabían dónde estaban y que mi hermano les cuidaba». Por el boca a boca de artistas más consagrados que hacían allí parada, el Candela empezó a sonar en muchos lugares alejados del centro de Madrid. «Los artistas sabían que por allí iban también productores y salían conciertos, muchos iban a ver si alguien les contrataba. Entre palma y palma, entre whisky y whisky, salían planes. Fue el vínculo de unión entre Madrid y muchas provincias. Venía la gente de Cádiz, de Jerez, se escuchaba rumba catalana o tarantos de Almería, era algo increíble. Había días que íbamos a limpiar por la mañana, abríamos la cueva, veíamos a la gente allí tocando que llevaban días y nos decían: "Por favor, traednos comida", y en broma les decíamos si no era mejor que les llevásemos también algo de ropita. En el mundo del flamenco fue la vida, no había un sitio así», apostilla Rosa.

Al local de Miguel iban todos los personajes de Lavapiés, una clientela selecta y barrial, casi cotidiana. El Candela tenía la suerte de contar con licencia hasta las seis de la mañana y la cueva estaba insonorizada. Rosa rememora noches de conciertos y domingos de Rastro con Miguel, en los que algunas veces después de bichear por puestos iban al «comedor popular» del centro okupado Minuesa. Le acompañó también en varios momentos especiales. Uno de ellos fue la IV Bienal del Flamenco de Sevilla en 1986, que estuvo dedicada a Madrid. Allí se reconoció la aportación del Candela al flamenco madrileño. Por esa edición pasaron grandísimos artistas, una lista tremenda de calidad que incluía a Chaquetón,

Los Pelaos, Lole y Manuel, Felipe Campuzano, Chiquetete, Víctor Monge «Serranito», José Mercé, José de la Tomasa, José Menese, Manuel Mairena, Naranjito de Triana, Fosforito, Enrique de Melchor... En las páginas de *El Correo de Andalucía,* otra referencia de la crítica flamenca, Manolo Bohórquez, se refería así a la actuación del veterano Serranito: «Víctor Monge demostró en cinco piezas musicales de gran calidad por qué ocupa un lugar de privilegio en el mundo de la guitarra. Su farruca fue excelente, impregnada de un aire inigualable; bellísima fue la guajira, con la colaboración de sus compañeros Miguel Rivera y Óscar Luis Herrero, dos guitarras interesantes, como lo fue su bulería «Luz de luna», una pieza en la que se mezclan la fantasía, el compás, los sueños y un alto concepto musical del ritmo».[46]

Durante esos días en Sevilla «estuvimos todos», cuenta Rosa; ella durmió en la casa de Rafael Riqueni y de su mujer, María Jesús. Allí conoció al músico, cantante, compositor, arreglista y productor granadino Raúl Alcover, que realizaría más tarde adaptaciones de temas de Leonard Cohen para el *Omega* de Morente y Lagartija Nick. Al pasar de hablar de Sevilla a la relación entre Miguel Aguilera y Enrique Morente, Rosa adopta un gesto más serio, un hablar más lento, un ritmo más pausado. Como si quisiera remarcar con su tono de voz el compromiso vital que había entre ambos. «Enrique y Miguel eran como hermanos, eran compadres. Ellos se habían conocido cuando eran pequeños en Granada. Años después, siendo Morente todavía zapatero, se reencontraron en Madrid, justo cuando Miguel iba a abrir el Candela. Íbamos a las fiestas de su familia, a las celebraciones de sus hijas,

46 M. Bohórquez, «Víctor Monge "Serranito", el único que relució». *El Correo de Andalucía,* 26 de septiembre de 1986.

con Estrella, Soleá y Kiki; también con el hijo de Riqueni. Yo me quedaba muchas veces en casa de La Pelota, la mujer de Enrique, cuando tenían que ir a actuaciones o a la televisión. Recuerdo la emoción cuando con Miguel le vimos en uno de sus primeros conciertos en Madrid, en los Jardines de Sabatini». En la web de la Real Academia de la Historia comienza así la biografía de Enrique Morente: «Nacido un día de Navidad en el barrio granadino del Albaicín, era el segundo hijo de Encarnación Cotelo y Juan Morente. De niño fue seise de la catedral granadina y a los dieciocho años emigró a Madrid a buscarse la vida. Trabajó como albañil, zapatero, barbero y vendedor, al tiempo que se relacionaba con las más prestigiosas figuras del cante en las peñas flamencas, locales donde demostró sus cualidades cantaoras». Fue precisamente Morente el que, en 1970, abrió por primera vez en su historia las puertas del Ateneo de Madrid al flamenco, algo que contribuyó a su reconocimiento artístico y cultural. Lo hizo acompañado a la guitarra por Manolo Sanlúcar. El sentido texto que la RAH dedica al cantaor granadino, nacido en 1942 y fallecido en 2010, cierra con una cita del crítico flamenco José Manuel Gamboa: «Sin la figura de Enrique Morente no se podría entender el mapa del flamenco actual y futuro».

En eso anda Javier Ochando «El Cuchillero», nacido en Albacete en 1983: en investigar el flamenco presente y futuro. En su casa había afición, escuchó flamenco desde pequeño y en el negocio familiar donde trabajó fue la música ambiente. Su nombre artístico es herencia de ese trabajo conjunto, de esos sonidos que incorporó casi sin darse cuenta mientras fabricaba artesanalmente cuchillos. Su círculo de amigos no estaba interesado en ese mundo. Marchó a Londres a buscar suerte y alejarse de lo conocido. Regresó y volvió a las raíces, a recuperar la esencia de una música que, dice, lleva insertada en la sangre. Se enamoró del cante que tanto había escuchado y se puso a estudiarlo. Le gusta Enrique Morente por arte y oficio. En su lista más reciente está la cantaora Ángeles Toledano, nacida en 1995 en Villanueva de la Reina, provincia de Jaén. También destaca entre sus gustos a Ezequiel Benítez, nacido en 1979 en el barrio de Santiago en Jerez. El encuentro con Ochando es a finales de agosto de 2024. Hay ruido en el ambiente y al principio es difícil la comunicación, son más de las once de la noche y el bar Olivia de la calle Ave María —un local donde se pincha música en vinilo, con sonidos que van desde el rock añejo de Neil Young al soul psicodélico y actual de Black Pumas—, en el corazón de Lavapiés, está lleno. Nos conocimos antes en Espiel, el pueblo cordobés donde se realizaba el festival Fiebre del Cante. El musicólogo Pedro Lópeh, director del pódcast *El Café de Silverio* y miembro de la Peña Flamenca La Bambera de Sevilla, es uno de los organizadores. El Cuchillero habla de una nueva escena en la ciudad, parecida a la que hay en ese festival, que sintoniza con una nueva corriente de gente aficionada a un flamenco más comunitario. «En Madrid hay un circuito ya establecido de tablaos, todos nos conocemos de ahí y la gente hace sus movidas. Pero luego hay gente de varias escuelas, como nosotros que estamos en Amor de Dios, que quedamos para hacer fiestecillas en casas, en un par de cuevas cerca de Lavapiés, y el otro día estuvimos en un local de una gente en Villaverde, pero puede ser en Vallecas o Puerta del Ángel. En algunos bares estamos ahí hasta que nos echan. Si tenemos suerte, que nos ha pasado alguna vez, pues nos bajan la persiana y nos quedamos hasta que amanece, en verano nos vamos a la calle o donde sea».

La conversación con El Cuchillero en la barra del bar habla de un fenómeno interesante. «Hay una especie de resurgir después del tiempo del COVID, de gente del flamenco que nos estamos haciendo. Un conjunto de personas muy grande con grupos para comunicarnos donde siempre hay alguien que pregunta: "Qué, ¿esta noche fiesta o qué?", y siempre acabamos quedando. Gente que está haciendo cosas muy curiosas, que igual por no ser profesional tienen un poquito más de *verdá.* Porque ahí nadie va a lucirse, ni llega con algo demasiado *ensayao,* sino en un rollo más de probatura, así salen cosas más frescas. No pasa solo aquí, hay muchísima gente joven en muchas partes, como la que va a Fiebre del Cante». Sobre cómo se van abriendo paso, el cantaor de Albacete explica: «Como quedamos para hacer nuestras fiestas, nuestras coplas, nuestros cantes, luego, cuando ya se viene uno un poquito arriba, decide hacer un recital. Se formaliza con guitarra, palmas o baile y ya se le pone fecha, precio, y lo que sea». Él dio un recital antes del verano, en el espacio Loseta de la calle Torrecilla del Leal de Lavapiés. Le acompañó a la guitarra Javi Pérez, a las palmas Ulises Díaz-Ropero y Jesús Olmedo y al baile Anita Sinausia. El lugar se define como «una especie de hogar expandido para los artistas que no encuentran hueco en los espacios habituales y también para la gente del barrio». Los tiempos en los que floreció el sello Nuevos Medios y Rosa Aguilera disfrutó del Candela y este otro del que habla El Cuchillero son muy distintos. Han pasado muchas cosas en el mundo dentro y fuera del flamenco. Ya no hay un teléfono de monedas al fondo de la barra para preguntar por un músico, ni tableros de ajedrez en los bares. El Candela fue también un «hogar expandido» para gentes que estaban inmersas en el cante, la guitarra o el baile de varias generaciones. Miguel abrió el bar cuando solo tenía veintidós años, recuerda Rosa. Su fama aprovechó el eco de estar en Lavapiés y el Rastro, de tener un vecindario comprometido con el arte y la cultura. En la calle Olmo esquina con Olivar, Rosa celebraba su cumpleaños el 23 de diciembre con partidas de futbolín de pies de madera y Miguel lanzando afecto a su madre cada vez que pasaba cerca: «¡Esa Gloria bendita!». La víspera de Nochebuena era una fecha del calendario acordada como juerga segura por los habituales, una forma de ensayar las fiestas que venían después. «El Candela puso más luz al flamenco», decía Rosa Aguilera en la Puerta del Sol. Un veterano flamenco de Granada contaba un encuentro en Madrid con Morente muy significativo de esos tiempos: «Una noche salíamos del Candela a las cuatro de la mañana y me llevó a un tugurio a dos callecitas donde había unos muchachos con crestas de colores y remaches por toda la ropa. Yo le dije: "¡Pero Enrique, dónde me has *traío*!". Y él me contestó con media sonrisa: "No te preocupes". Yo no estaba acostumbrado a estar con punkis y Enrique, *encantao*». Cuando narraba la historia de esa noche reflejaba una mirada, una forma de vida y un tiempo diferente al barrio actual, también a una forma de situarse en el mundo. Morente, como Camarón o Miguel Candela, protegieron y cuidaron el flamenco, investigaron su historia y sus raíces, sin dejar de echar un vistazo a lo que ocurría a su alrededor.

ANEXO: AURELIA

Aurelia Velázquez Arenas nació en la calle Lavapiés número 38, donde su padre, Aurelio, llegado de Valdemanco, un pueblo de la sierra madrileña, regentaba una churrería. Su madre, Manuela, había venido desde Cádiz. Se conocieron en el barrio. Aurelia desde pequeña cantaba coplas y hacía sus pinitos, su madre tocaba las castañuelas en la churrería. En donde estuvo la vivienda y negocio familiar está actualmente la Asociación de Vecinos La Corrala, fundada el 6 de mayo de 1977. Aurelia formó parte del movimiento vecinal y se implicó en el barrio en un tiempo en el que las casas se caían a cachos y la heroína corría por las calles sembrando de cadáveres una generación de gente joven. Aurelia se hizo también socia de la Peña Chaquetón desde el primer día, se mantuvo fiel cuando la sede estuvo en la calle Olmo y luego en la calle Canarias. Fue al concierto de Chaquetón en la antigua plaza de Cabestreros y lo recordaba con emoción. Hablamos a finales de mayo de 2024 en la barra de las bodegas Lo Máximo, adonde ella acudía todos los viernes. «Hace catorce años me diagnosticaron cáncer de garganta y me dijeron *que me iba a Jaén* y aquí estoy», contaba riéndose. Aurelia fue amiga de infancia de César, tabernero aristotélico que regentó durante años Casa Montes, en el portal contiguo a la churrería familiar. Contaba que en el Montes «aun siendo una familia de derechas» dejaban al padre de Aurelia, «que era del Partido Comunista», organizar partidas de cartas cuya recaudación iba luego para las familias de los presos políticos del franquismo. Aurelia guardaba buen recuerdo de las noches flamencas en el barrio. «En la peña estaba también Pablo, un conductor de la Empresa Municipal de Transportes que cantaba soleás que era una maravilla oírle, muy bueno». Lo contaba con su voz ronca y una sonrisa perenne. En su familia eran tres hermanas y un hermano. Las dos chicas, Fani y Luisi, emigraron y se casaron en Estados Unidos, una en Indiana y la otra en Oklahoma. El hermano se marchó fuera de Madrid. Aurelia, elegante con su pelo corto y un vermouth en la mano, decía que amaba su barrio, pero «mucho más a su gente». Por eso no se había querido ir nunca. Cuando lo dijo estaban alrededor de la conversación Piluka Araguren, Mara, Javi López, Leo y María, Larbi, Tony, Javier Guerra de El Juglar, Juanito el argentino y Jorge Siemprellena. Todos ellos vecinos de Lavapiés de largo recorrido, todos clientes de muchas noches de bares, incluido el Candela. Aurelia también acudía con frecuencia, conocía a «Miguelito», le tenía cariño y le gustaba sentarse en la barra a escuchar flamenco: «Sobre todo alegrías y bulerías de Cádiz, por mi madre». Aurelia murió el domingo 4 de agosto de 2024 con setenta y ocho años, pocos días antes de terminar de escribirse este libro. Siempre fiel a su barrio, fue una maravillosa vecina y amiga.

AGRADECIMIENTOS

Gracias a Ethel por el tiempo dentro y fuera del libro. A Pedro Lópeh por el prólogo y por su mirada sobre una cuestión tan delicada como los orígenes y las derivas políticas del flamenco; su pódcast *El Café de Silverio* y el festival Fiebre del Cante son fuente de inspiración y aprendizaje comunitario. Gracias destacadas para el veterano *militante* flamenco Antonio Benamargo y para Toñi, ejemplos de buen hacer y amistad sincera. Antonio abrió su agenda para ayudarme con lo que necesitase del libro. «El flamenco es una música de la tierra», dice con acento malagueño. Él y Martín Guerrero hicieron de Casa Patas un lugar de acogida, un templo del arte en Madrid sólido y coherente. Su generosidad fue espectacular durante años. A María Luisa Rivero, gracias por la revisión del libro, por sus ánimos cuando más los necesitaba y por creer tanto en mi escritura. También por el mapa que hizo con algunas referencias imprescindibles de la zona.

Además de María Luisa y Ethel, hubo más gente que leyó el manuscrito y me ayudó a limar el texto con sus comentarios. Gracias a Manué de las bodegas Alfaro y a Javier Odriozola, porque sus impresiones fueron vitales para continuar escribiendo. A Javier Corcuera, porque me impulsó a contar una historia que también es nuestra. A Curro del Realejo (rayista, morataludo, granaíno y camaronero), que me mandó materiales o me sugirió referencias que me han sido muy útiles. Gracias a la gente que estuvo dispuesta a conversar sobre el Candela; con algunos no hubo momento pero sí apuntaron detalles que me han servido: Tomasito, Jorge Pardo, Ángeles Toledano, Yeye de Cádiz, José Manuel Gómez Gufi, Paco Manzano, Alejandro Escribano, José Maya, Lili Leukmoli, Cristina Cruces Roldán, Jesús de Rosario, Nacho Serrano, Ana Escudero Berbes, Marina Santamaría, Carmen la Buiza o Joaquín San Juan, de la escuela de Amor de Dios. A mi querida vecina y referente feminista Begoña San José, que la encontré cuando el libro ya estaba recién terminado y recordó a su amigo «Miguelito» antes de abrir el Candela, cuando estaba recién llegado a Lavapiés buscando «engancharse» al flamenco.

Escribir sobre el Candela no habría sido posible sin la ayuda de la gente que aparece entrevistada. Un abrazo enorme por la disposición a Pablo Tortosa, el hijo del Kilovatio, luchador bregado en mil batallas, amigo de una cuadrilla totémica del cante, líder de una peña flamenca muy especial para la ciudad. Toda mi admiración, cariño y respeto para La Tati, con sus más de cincuenta países *taconeaos* desde la academia de La Quica en el Rastro hasta los mejores escenarios del mundo. Tratarla y quererla es un privilegio. Gracias a Alberto y David de El Flamenco Vive, un espacio desde el que alimentar el conocimiento y que forma parte ineludible de la cultura de Madrid. A Rubén, de la guitarrería Pedro de Miguel, por su personalidad y honestidad al hablar de su oficio. A Kurdo, Julio, Jacinta Delgado, Susana Cintado... Minuesa fue una universidad de autogestión y buen vivir. Un brindis por la memoria de Amparo. Gracias a la tocaora Antonia Jiménez, el placer de la charla y la complicidad con ella y con Rusti fueron mayúsculos. A Silvia Palacio y Olga Abasolo por los buenos tiempos de La Lupe. A la gente de la Asociación La Fraternidad y a la Asociación Cultural Sonido Caño Roto por su labor. Agradecido también a Antonio Novillo por su conversación fluida y su mirada de fotógrafo apasionado del arte genuino. La jornada a base de cañas con Ángel Alfaro y el inesperado final en la taberna Garibaldi fue inolvidable. Muchas gracias a las bodegas Martín Códax, que dejaron que me colara en el encuentro flamenco que habían organizado con Estrella Morente, Montoyita, Josemi Carmona, Paquete, Piraña, David de Jacoba, El Yiyo y los hermanos Moi y Rubén Fernández. Todos estuvieron dispuestos a hablar de un lugar que llevan tatuado en sus biografías y recuerdos. Blanca Segade, Rosa Bugallo, Juan Vázquez y Jorge Pallaré propiciaron ese encuentro mágico. Mi más profundo agradecimiento a Israel Fernández y Antonio El Relojero, también al cantaor El Cuchillero y muy especialmente a Rosa Aguilera, querida hermana de Miguel Candela.

A Pepe Lamarca, que me abrió su estudio y sus recuerdos en Polanco. La conversación con él y con Diego Agudo Pinilla, David Pérez Merinero, Jesús Vidal Villalba, el pintor Pepe Rodríguez, María José, Ángel y toda la gente de la peña flamenca de Ampuero en La Taberna de Nandy, en Cartes (Cantabria), fue un incentivo para escribir pensando en la extensión del Candela más allá de los límites de Lavapiés. A la buena gente de la Peña La Platería del Albaicín de Granada; en especial a Antonio Conde, Juan José Acosta, Óscar García y Antonio Gallegos Montero. A Martín Calviño por organizar el festival de flamenco en el bar Riquela de Santiago de Compostela y poder hablar con La Tana, Piculabe,

David y Carlos de Jacoba, Paquete, Moi y Rubén Fernández. Esas conversaciones alrededor de una excelente comida fueron oro para el tramo final del libro: «Se ha escrito mucho, pero no se ha contado lo que fue realmente el Candela», dijo uno de los presentes. A Tony, Aurelia, Javi López, Piluka Aranguren y Javier Guerra. Entre cañas y alegrías se fue tejiendo la evolución del libro.

El Candela tuvo, a lo largo de cuarenta años, muchas camareras y camareros imprescindibles para entender el carácter indómito de sus noches. Gracias a Rosa, quizás la que más años dominó la larga barra y sus alrededores, también a Douglas, Fifi, Oki, Fernando, Ricard, Nico, Vasil, Alberto, o al periodista y buen amigo Daniel Iriarte. Estar detrás de aquella barricada otorgaba galones en un local en el que el vaso de tubo resistió casi hasta el final. Finalmente, todo el amor del mundo para la memoria del Nulo, querido amigo que se fue demasiado pronto, que fue cero flamenco y 100% punk, pero que compartió una mirada elegante hacia la vida y el día a día muy similar en ambos géneros. Por último, gracias a Soleá Morente por cantar «El poeta a su amada» de César Vallejo y «Sembré una esperanza» de su padre Enrique Morente en la defensa de las vecinas y vecinos de la calle Tribulete 7 amenazados por un fondo buitre. El flamenco y Lavapiés sobrevivirán a tanta inmundicia.

BIBLIOGRAFÍA

Aix Gracias, Francisco, *Flamenco y poder. Un estudio desde la sociología del arte,* Fundación SGAE, Madrid, 2014.

Álvarez Caballero, Ángel, Martínez Hernández, José, Parra, Antonio, Ríos Ruiz, Manuel y Salom, Andrés, *Chano Lobato. El duende, la gracia y los dones,* Nausícaä, colección «Cumbre Flamenca», Murcia, 2000.

Arginzoniz, Beñat, *Camarón de la Isla. El mundo es devorado lentamente,* Sierpe Editorial, Bilbao, 2017.

Blas Vega, José, *Los cafés cantantes de Madrid (1846-1936),* Guillermo Blázquez Editor, Madrid, 2006.

Cabalanda, Carlos y Cabalanda, Pedro, *Andalucía, comunismo y su cante jondo,* Servicio de Publicaciones de la Universidad de Cádiz, Cádiz, 1988.

Camba, Julio, *Tango, jazz-bands y cupletistas. Crónicas musicales, de Caruso a Cléo de Mérode,* Pedro Ignacio López (ed.), Javier Jiménez (pr.), Editorial Fórcola, Madrid, 2015.

Cano, Javier y Martín Luengo, Mercedes, *Retratura. Cante, toque y baile,* Celeste Ediciones, Madrid, 1997.

Carbonell, Agustín (El Bola), *El sueño de don Ramón Montoya,* autoedición, 2014.

DIEZHANDINO, Ciro, *Ciro Bailaor. De la Castilla profunda al Lincoln Center de Nueva York,* Punto Rojo Libros, Madrid, 2021.

FERNÁNDEZ DE ALBA, Francisco, *Antes de ser modernos. Sexo, drogas y moda en el Madrid de los setenta,* Anabel Palacios (tr.), Altamarea, Madrid, 2021.

FERNÁNDEZ ZAURÍN, Luis y CANDADO CALLEJA, José, *Camarón, biografía de un mito,* RBA, Barcelona, 2002.

GALINDO, Bruno, *Omega. Historia oral del álbum que unió a Enrique Morente, Lagartija Nick, Leonard Cohen y Federico García Lorca,* Lengua de Trapo, Madrid, 2011.

GAMBOA, José Manuel, *Una historia del flamenco,* Espasa, Barcelona, 2011.

GAMBOA, José Manuel, *Víctor Monge Serranito. El guitarrista de guitarristas,* José Luis Ortiz y Amalia Ramírez (prs.), El Flamenco Vive, Madrid, 2017.

GAMBOA, José Manuel y NÚÑEZ, Faustino, *Camarón. Vida y obra,* Fundación SGAE, Madrid, 2003.

GARCÍA LORCA, Federico, *Donde no se hiela el tiempo. Escritos sobre música,* Niño de Elche (pr.), Continta me tienes, Madrid, 2017.

GEA ORTIGAS, María Isabel, *El Rastro,* Ediciones La Librería, Madrid, 1996.

GRIMALDOS, Alfredo, *Historia social del flamenco,* José Manuel Caballero Bonald (pr.), Península, Barcelona, 2010.

GUTIÉRREZ, Balbino, *Enrique Morente. La voz libre,* Fundación SGAE, Madrid, 2017.

IBARROLA, Mariví, *De Lavapiés a la cabeza. Fotografías de los 80,* Ayuntamiento de Madrid, Madrid, 2017.

LENCERO, Carlos, *Sobre Camarón. La leyenda del cantaor solitario,* Alba Editorial, Barcelona, 2009.

Linares, Carmen, Espín García, Miguel, Martín Ballester, Carlos, Sánchez, Teo y Calzado, David, *Flamenco Chipén,* Subdirección General de Patrimonio Histórico de la Comunidad de Madrid, Madrid, 2024.

Llano, Samuel, *Notas discordantes. Flamenquismo, músicas marginales y control social en Madrid, 1850-1930,* Libros Corrientes, Madrid, 2021.

Lópeh, Pedro, *Ramo de coplas y caminos. Un viaje flamenco,* Akal, Madrid, 2019.

López Canales, David, *El tigre y la guitarra,* Pepitas de Calabaza, 2023.

López Canales, David, *Un tablao en otro mundo. La asombrosa historia de cómo el flamenco conquistó Japón,* Alianza Editorial, Madrid, 2020.

López Rodríguez, Fernando, *Historia queer del flamenco. Desvíos, transiciones y retornos en el baile flamenco (1808-2018),* Egales Editorial, Barcelona, 2020.

Manrique, Diego, *De qué va el rock macarra,* Las Ediciones de La Piqueta, Madrid, 1977.

Minuesa. Una okupación con historia, Madrid, 1991.

Montero Glez, *La imagen secreta,* Pepitas de Calabaza, Logroño, 2019.

Montiel, Enrique, *Camarón. Vida y muerte del cante,* Diputación Provincial de Cádiz, Cádiz, 2014.

Nuñez de Prado, Guillermo y Fernando el de Triana, *Pioneras flamencas. Las primeras mujeres del flamenco según los relatos y recuerdos de la época,* Libros Corrientes, Madrid, 2022.

Ordoñéz Eslava, Pedro (ed.), *Estamos vivos de milagro. 10 años después de Morente,* Editorial Universidad de Granada y Editorial Universidad de Sevilla, Granada/Sevilla, 2022.

Ortiz Nuevo, José Luis, *Pensamiento político en el cante flamenco (Antología de textos desde los orígenes a 1936),* Biblioteca de la Cultura Andaluza, Sevilla, 1985.

Orihuela, Antonio, *Cien hogueras. Flamencos, hippies y poetas en la Andalucía contracultural,* Piedra de Papel Libros, Jaén, 2023.

Peña, Rosa y Valderrama, Juan Antonio, *Nosotros, Los Chichos,* Ediciones B, Barcelona, 2005.

Peregil, Francisco, *Camarón de la Isla. El dolor de un príncipe,* Libros del K.O., Madrid, 2012.

Pérez Martínez, José Emilio: *La voz de las sin voz. El movimiento de las radios libres entre la Transición y la época socialista (1976-1989),* Sílex, Madrid, 2022.

Rivero Rodríguez, Jacobo, *Bulbancha. Música, calle y resistencias desde New Orleans,* Clave Intelectual, Madrid, 2021.

Reymán, Carlos y Raulowsky, *Camarón, dicen de mí,* Desacorde Ediciones, Madrid, 2021.

Rodríguez Sánchez, Andrés, *Camarón. Se rompió el quejío,* Diego Manrique (pr.), Nuer Ediciones, Madrid, 1998.

Ruiz Mata, José Luis, *El flamenco, una identidad hibernada. De los Moriscos a las Zambomba de Jerez,* Tierra de Nadie Editores, Cádiz, 2012.

San Nicasio Ramos, Pablo, *Un payo entre los flamencos. Memorias castizas de Hubertus J. Wilkes en la España de la Transición,* Ediciones Mágina, Granada, 2018.

Santamaría, Carmen, *Balcones, caminos y glorietas de Madrid. Escenas y escenarios de ayer y de hoy,* Sílex Ediciones, Madrid, 2005.

Suárez, César, *El enigma de Paco de Lucía,* Lumen, Madrid, 2024.

TÉLLEZ, Juan José, *Paco de Lucía. El hijo de la portuguesa,* Planeta, Barcelona, 2015.

TORRENTE MALVIDO, Gonzalo, *Sonata en muerte menor,* Penthalon Ediciones, Madrid, 1981.

TORTOSA, Pablo, *El despertar de otros tiempos,* Manuel Ríos Ruiz (pr.), Letras de Autor, Madrid, 2016.

Imágenes

Fig. 1 Plaza de Agustín Lara (hoy de Arturo Barea), 1981. Autor desconocido. Fotografía cedida por Carmen, vecina de Lavapiés.

Fig. 2 *(arriba)* Tertulia taurina en el Candela. De izquierda a derecha: Juan A. Borrega, profesor; Antonio Novillo, fotógrafo; Enrique Morente; Ricardo Cadenas, pintor; Chiqui Abril, galerista y editor; Montserrat de Pablo, profesora de la Facultad de Bellas Artes de Cuenca; Rafael Blázquez «Falín», socio del Café Central; y Noni Venega, pintora. Fotografía de Miguel Aguilera cedida por Antonio Novillo.

Fig. 3 *(izquierda)* Pablo Tortosa con la cantaora Mayte Martín en la Peña Chaquetón. Fotografía cedida por Pablo Tortosa.

Fig. 4 Cartel de concierto flamenco que se realizó en el centro social okupado y autogestionado Minuesa. Ilustración: Paquiño. Fotografía de Jacobo Rivero.

Fig. 5 Cartel del concierto de Chaquetón con Juan Maya Marote en la plaza de Cabestreros (hoy de Nelson Mandela) en 1983. Imagen cedida por Pablo Tortosa.

Fig. 6 Cartel publicitario del lanzamiento del álbum *Quien no corre, vuela* de Ray Heredia y del concierto de presentación del mismo, el 6 de junio de 1991 en la sala Revólver de Madrid. Fotografía de Jacobo Rivero.

Fig. 7 *(arriba)* Pared con distintos retratos de La Tati en la escuela de Amor de Dios. Fotografía de Jacobo Rivero.

Fig. 8 *(izquierda)* Rosa Aguilera (abajo) con sus hermanos. De izquierda a derecha: Octavio, José, Manolo y Miguel «Candela». Fotografía cedida por Rosa Aguilera.

Índice

El amigo del arte no ha muerto,
aficionaos, no llorad,
Miguel Candela no ha muerto,
que está en el corazón
de los artistas del flamenco...

Enrique Morente